DE LA CHAMBRE DES PAIRS, ET DE LA RÉVISION DU PROCÈS DU MARÉCHAL NEY.

AVIS

Cette première livraison sera très-incessamment suivie d'une seconde, qui contiendra tous les actes judiciaires ou incidens politiques dont se composera la nouvelle procédure : en outre plusieurs lettres et pièces diplomatiques, curieuses et authentiques, relatives à la question de vie et de mort du maréchal Ney.

PARIS. — IMPRIMERIE ET FONDERIE DE FAIN,
RUE RACINE, N°. 4, PLACE DE L'ODÉON.

DE LA
CHAMBRE DES PAIRS,

ET

DE LA RÉVISION DU PROCÈS

DU

MARÉCHAL NEY.

RECUEIL CONTENANT :

Trois Lettres de M. Dupin aîné sur l'Aristocratie, le Clergé et la Pairie ;
Ses Discours dans la discussion de la loi sur la Pairie ;
Son opinion sur la révision du procès du Maréchal ;
Son mémoire à l'appui,
Et la Requête au Roi présentée par la veuve et les enfans du Maréchal

PUBLIÉ

PAR M. LAUMOND,
AVOCAT A LA COUR ROYALE DE PARIS.

PARIS.

MOUTARDIER, LIBRAIRE-ÉDITEUR,
RUE GÎT-LE-CŒUR, N°. 4.

Décembre 1831.

INTRODUCTION.

Deux questions graves se partagent aujourd'hui l'attention publique : la réorganisation de la Pairie, la révision du procès du maréchal Ney

La première a déjà subi le débat devant la Chambre des communes. Le dernier élément d'aristocratie qui avait osé reparaître depuis 89, y a péri. L'hérédité de la Pairie a été supprimée, et remplacée par l'institution à vie, avec adjonction de catégories, déterminant quelles seront les conditions auxquelles on pourra désormais obtenir le titre de pair de France.

Cette dernière disposition réglementaire du nouvel article 23 a trouvé de nombreux opposans au dehors et même au dedans de la Chambre.

A son occasion, une dissidence marquée s'est établie. Les uns ont soutenu la nomination pure et simple du roi, d'autres l'élection directe ; enfin l'amendement de M. *Mérilhou* et consorts, qui proposait l'élection des candidats par arrondissement, a eu quelques instans la chance du succès. Nos lecteurs trouveront ici la réfutation vigoureuse qui en fut faite à la tribune par M. Dupin. Ce fut là le coup de grâce du mode électif appliqué à la pairie. Après un vif débat de deux séances, l'amendement fut rejeté à une forte majorité.

La nomination pure et simple conférée au roi ayant aussi échoué, restait le système des catégories, qui bien que long-temps combattu, finit par réunir les opinions les plus diverses, sans doute comme étant, entre deux modes qui offraient l'un et l'autre quelques inconvéniens, celui qui en présentait le moins. En effet, quand la loi, égale pour tous, a réglé pour tous aussi les conditions d'égalité de mérite ou d'illustration, auxquelles telles ou telles dignités ou fonctions seront accordées, personne n'a lieu de se plaindre; et si tout le monde, par exemple, ne devient pair, il est du moins constant que tout le monde peut le devenir. Sous ce point de vue, nous serions, nous aussi, disposés à voter en faveur des catégories.

Au surplus, la Chambre des députés a fait sa loi en conscience, reste à la pairie à faire la sienne de même.

Chose singulière que nous voulons remarquer en passant! La Chambre des pairs va se trouver juge deux fois dans sa propre cause, d'abord dans celle de la Pairie, puis dans la révision du procès du maréchal Ney; et qu'elle ne s'y trompe pas, cette dernière mission, qu'elle doit accomplir dans l'intérêt de la gloire du pays, dans celui d'une justice exacte et vraie, est aussi pour la pairie une épreuve d'une haute importance personnelle; c'est en quelque sorte, et à la fois, pour elle comme pour les mânes de la victime de 1815, une question d'honneur et de réhabilitation! Leur sort est désormais inséparable. En matière de jugement et de condamnation capitale surtout, il est une immense vérité que la conscience des juges ne devrait jamais perdre de vue, c'est que le magistrat et le condamné demeurent étroitement liés dans le souvenir des hommes. Si la sentence fut juste, le temps la ratifie...; si elle fut inique au contraire, le temps absout la victime...; mais les magistrats !...

N'anticipons pas sur les événemens et revenons à notre publication.

Notre projet, comme on peut le croire, n'est point d'aborder ici la discussion des graves difficultés que présente l'institution nouvelle de la pairie, celle surtout du pouvoir constituant. Le mieux que nous ayons à faire, c'est de renvoyer nos lecteurs aux argumentations solides et serrées de M. Dupin dans sa troisième lettre, intitulée : *Du sort probable de la loi devant la Chambre des pairs*. Ils trouveront là, en fait de bonne doctrine, de savoir profond et de lucidité brillante, tout ce que la conviction la plus exigeante peut désirer.

Toutefois, s'il fallait nous expliquer sur la question ardue du prétendu pouvoir constituant, réservé à la Chambre de 1831 par celle de 1830, dans l'article 68 de la Charte du 7 août, nous dirions tout simplement, que le pouvoir constituant nous semble un fait, un, indivisible, instantané, comme la nécessité qui l'a produit, et qui n'est susceptible d'aucune espèce de délégation, de suspension ni de réserve.

Autrement, et s'il était vrai que la Chambre de 1830 eut pu réserver à celle de 1831 le droit de constituer *à priori* la pairie, il faudrait reconnaître aussi à la Chambre de 1831, qui, par suite d'un événement politique quelconque, et la chose est loin d'être impossible, ne pourrait ou ne voudrait s'occuper de ce grave débat, il faudrait lui reconnaître, disons-nous, la faculté constitutionnelle de transmettre le même pouvoir à la session qui suivrait, et ainsi de suite. Dès lors les législateurs pouvant éterniser la durée du fait constituant, il arriverait que la Charte d'un peuple pourrait ne présenter rien d'achevé, de stable et de définitif.

Certes, il n'est personne qui, pour la petite vanité d'essayer du pouvoir constituant, voulût faire consacrer un principe qui serait une cause assurée et permanente de trouble et de dissolution.

Il faut donc reconnaître, à notre avis, que le pouvoir constituant n'est qu'une puissance de soudaineté et d'instantanéité. Sa mission est accomplie du jour où l'abîme dont il s'est élancé armé a disparu. Cette œuvre de force et de nécessité consommée, les choses doivent reprendre leur cours, la société rentrer dans ses droits, la loi établie recouvrer son empire, et rien n'être légal, ni régulier que ce qui est fait et accompli sous le sceau de sa sanction. Aussi M. Dupin dit-il, dans sa troisième lettre :

« En août 1830, la Charte a été jurée. Un gouver-
» nement nouveau a été fondé. Cette création a été,
» non pas provisoire, mais définitive. La Charte pose
» en principe que *la puissance législative* s'exerce col-
» lectivement par le Roi, la Chambre des pairs et la
» Chambre des députés : elle admet donc comme partie
» intégrante du nouveau gouvernement une Chambre
» des pairs. »

La conséquence forcée de cette déduction nette et précise est donc, que tout ce qui se fera dans la session suivante subira l'examen des trois pouvoirs de l'État ; en d'autres termes, que le pouvoir constituant a péri en s'exerçant lui-même une première fois, et que la Chambre des pairs, comme pouvoir reconnu, maintenu, a mission pour déterminer les conditions accidentelles de son existence politique.

Sur ce premier point, M. Dupin est parfaitement d'accord avec le système du gouvernement, qui a rejeté la doctrine du pouvoir constituant, et qui a appelé la Chambre des pairs à exercer les droits qu'elle tient de la Charte.

Mais un grand incident s'est présenté.

Le gouvernement, préoccupé du sort de la nouvelle loi devant la Chambre des pairs, redoutant fort un rejet qui l'aurait embarrassé, et qui serait devenu le texte d'un appel nouveau au pouvoir constituant, a cru devoir aller au-devant de cette complication possible, probable même, et, par ordonnance du 19 novembre dernier, le roi en vertu de son pouvoir constitutionnel, a appelé trente-six nouveaux membres à siéger dans la Chambre des pairs !...

Grand a été le débat de part et d'autre. On s'est entendu à peu près sur les droits incontestables des personnes ; il n'en a pas été ainsi sur la légalité, ou plutôt sur la régularité des choses.

Notre tâche n'est point d'accorder ici les systèmes plus ou moins sages, plus ou moins déraisonnables qui ont occupé les esprits. Nous dirons seulement aux gens qui accusent toujours, tout en prétendant n'user que du droit d'une polémique permise, que là où ils ont découvert une flagrante violation de la Charte, nous n'avons vu que l'exécution la plus littérale, la plus vraie de ce même article 23, qui confère au roi le droit de nommer les pairs; article qui, bien que sujet à révision, n'en est pas moins demeuré jusque-là une disposition vivante du pacte fondamental.... Et comment l'aurait-on par avance frappée de mort, quand plus tard son existence pouvait devenir le seul salut de l'État, comme, par exemple, dans le cas du rejet de la loi sur la pairie, par la Chambre des pairs elle-même?

Telle est aussi, sur cette question de constitutionnalité, la doctrine de M. Dupin. Il n'a pas mis un instant en doute le droit de la couronne; seulement il semble résulter de l'ensemble de son opinion contenue dans la troisième lettre, qu'il aurait voulu, dans la situation particulière, subordonner l'exerciee du droit royal à l'accomplissement de quelques épreuves décisives.

A cette occasion, les gens intéressés à tout confondre, tout envenimer, pour mieux travailler au grand œuvre de la désorganisation, leur idée fixe, ont fait apparaître une scission éclatante entre M. Dupin et le ministère. Déjà la joie en était descendue au fond de quelques cœurs. M. Dupin, l'ennemi du ministère Périer!.... quelle bonne fortune!

Heureusement il n'en était rien. Le blâme, ou plutôt la désapprobation que le savant jurisconsulte avait cru devoir donner à la création anticipée de nouveaux pairs, étaient dictés par un tout autre esprit que celui de la colère et de l'éloignement.

Voici, du moins tout nous porte à le croire, quelles

ont été les considérations politiques qui avaient touché M. Dupin.

Comme on pourra aisément s'en convaincre en lisant sa lettre sur l'aristocratie et le clergé, l'auteur a vécu dans un dédain profond de tout ce qui est privilége, noblesse féodale, titres, parchemins, et autres brillantes niaiseries de même origine.

« Il existe, dit-il dans cette lettre, un sentiment » réel et profond, un sentiment général au sein de la » nation française, la haine de la noblesse féodale, de » l'émigration liée aux invasions étrangères, et en géné- » ral de toute aristocratie privilégiée. C'est le sentiment » fixe de notre révolution.... c'est au *fond* la *révolu-* » *tion elle-même*.... »

Pénétré de ces principes, M. *Dupin*, dans la discussion de l'article 23, dès l'abord et très-catégoriquement a déclaré qu'il voterait contre l'hérédité. Plus tard, au dernier paragraphe, il a demandé qu'il fût bien entendu que la loi actuelle abrogeait, en ne la reproduisant pas, la disposition de l'article 23, qui permet au *Roi de varier les titres des pairs à volonté*.

Pourquoi ces actes si positifs, si clairs? Point d'hérédité, point de titres à volonté. Pourquoi? c'est que M. Dupin qui veut bien que la pairie nouvelle soit une institution élevée, imposante, ne veut pas du tout qu'elle retienne rien de ce faste insolent, de cette vanité ridicule qui autrefois semblaient faire de ces sortes d'assemblées des créations hors ligne dans la nature humaine. C'est que M. Dupin, comme tout citoyen qui connaît sa vraie dignité, qui sait que l'homme ici-bas doit être le fils de ses propres œuvres, sent avant tout aussi que le vœu du temps, le besoin de l'époque, sont que le mérite puisse être récompensé, honoré, et qu'il ne soit plus à la merci ou des mille hasards de la nature ou des caprices de la faveur. Que si, enfin, une pairie doit être reconstituée, elle soit une bonne pairie bourgeoise, citoyenne, créée avec du véritable mérite et d'incontestables illustrations.

Mais pour arriver à cette heureuse régénération, à cette noble simplicité d'origine de la pairie, il fallait avant tout faire en sorte de détacher de l'autre Chambre tous les membres stigmatisés du sceau de l'ancien régime ou du cachet de la restauration. Pour cela, il n'existait peut-être qu'un vrai moyen, et c'est celui que semble indiquer la pénétrante sagacité de M. Dupin.

Il fallait présenter sans balancer à la Chambre des pairs, encore vierge de la fournée nouvelle, la loi votée par la Chambre des députés, et la mettre en demeure de faire nettement connaître son vote. La loi eût été rejetée, dira-t-on. Eh bien! le gouvernement serait revenu devant la Chambre des députés, qui sans doute eût persévéré dans sa première résolution. Cette fois seulement le pouvoir, pour assurer l'adoption, aurait pu faire la promotion de pairs qu'il aurait jugé numériquement nécessaire pour rompre une hostile majorité, et la loi eût passé.

Les résultats probables de ce mode de procéder auraient été, nous n'en doutons pas, de soulever dans le sein de la Chambre des pairs, livrée ainsi à elle-même, à ses résistances, à ses antipathies, de longs et violens débats qui eussent servi au pays de pierre de touche infaillible pour connaître les ennemis ou les partisans de ses libertés. Et à son tour la publicité, toujours vigilante, s'emparant de la discussion parlementaire, aurait achevé de faire justice éclatante de ces vieux *Palinures* de la légitimité !

Cette position avantageuse une fois emportée, et cette solennelle épreuve du débat public subie par la pairie devant la nation attentive, le gouvernement, dans le système de M. Dupin aurait dû, dès le lendemain de la sanction royale qui l'aurait instituée définitivement, et comme pour ouvrir noblement la carrière à la nouvelle Chambre, renvoyer par-devant elle la révision du procès de l'illustre et trop malheureux maréchal Ney.

Cette heureuse occasion offerte à la pairie, de s'honorer dès les premiers pas par la juste réhabilitation d'une si grande mémoire, lui eût apporté en même temps l'immense privilége de séparer glorieusement sa pureté nouvelle de tout contact possible avec l'acte sanglant de réaction !

Alors, la régénération tant souhaitée eût été consommée; la Pairie, digne du pays, eût été avouée par lui, aimée par lui, et tout, jusqu'au souvenir, aurait été purifié dans le sanctuaire !

Alors aussi, ainsi que s'écrie M. Dupin avec sa soudaineté d'inspiration, la patrie aurait pu monter au Panthéon pour aller rendre grâces aux dieux !

C'était là, sans doute, une noble combinaison politique.

Toutefois le ministère n'a pas cru devoir céder à cet entraînement, par la crainte de se trouver replongé, par suite du rejet probable de la loi, dans les embarras d'un conflit de pouvoir, et dans la nécessité de tenter une apparition nouvelle devant la Chambre des communes. Sans doute il n'a pas été sans reconnaître les avantages de la pensée politique de M. Dupin; mais il a trouvé là des chances nouvelles d'agitation, des lenteurs, des retards, et pour le pays toujours du précaire, toujours du provisoire.... Il a voulu marcher plus vite, et frapper un coup décisif. « J'ai le droit, s'est-il » dit, de faire créer des pairs; que ce soit avant ou après, » n'importe..... puisqu'il faudra toujours finir par une » nomination. En recourant dès l'abord à l'article 23, j'é- » vite toute secousse, tout choc politique, la loi est ren- » due, et j'ai gagné un temps précieux.... »

A tout prendre, ce calcul, qui n'exclut pas non plus les graves enseignemens que pourra retirer le pays de la discussion qui va s'ouvrir devant la Chambre corrigée et augmentée; discussion, on peut en être certain, qui n'en retiendra pas moins, vis-à-vis des vrais croyans du droit divin, la violence et l'hostilité qu'elle aurait eues avant tout acte de nomination; ce calcul, disons-nous, a peut-être le mérite d'offrir une plus grande sécurité, et pour un gouvernement à peu de journées d'une révolution, c'est un grand point, c'est tout.

Sous ce rapport, le ministère a peut-être eu raison de s'arrêter à ce dernier parti, qui, d'ailleurs, ne fait nullement obstacle à ce que la révision de la fatale procédure de 1815 obtienne une éclatante priorité sur tous les nouveaux actes politiques qui devront être soumis à l'examen de la chambre réorganisée.

Nous irons même plus loin : en ami du ministère, nous lui dirons hautement que c'est là un devoir qu'il doit se hâter d'accomplir...... Cet acte de justice nationale, le pays le réclame, le sollicite comme un titre d'honneur pour lui-même ; et travailler à l'honneur de son pays, c'est jeter son nom à la reconnaissance publique !

Par cet aperçu sur l'ensemble de notre publication, nos lecteurs doivent s'être convaincus qu'elle a su réunir les deux caractères distinctifs du succès, celui de l'intérêt et de l'utilité. Car nous aimons à croire, pour l'honneur de notre civilisation, qu'il est peu de gens éclairés pour qui la question de réinstitution de la pairie soit totalement indifférente, et qu'il n'existe pas un cœur français qui ne palpite d'une touchante et vive émotion d'intérêt pour la mémoire d'un général qui vainquit toujours l'étranger, et dont l'étranger un seul jour vainqueur obtint lâchement l'immolation en expiation du souvenir de tant de victoires !

En livrant au public ces utiles documens, comment pourrions-nous nous taire sur le compte du savant magistrat auquel nous les devons ?

Toutefois, et que personne ne s'y trompe, ce n'est pas avec l'intention de louer ou de défendre M. Dupin, que nous voulons parler de lui. Par l'éloge nous craindrions de le rapetisser, et par la défense nous croirions insulter à sa vie pleine de combats livrés, tantôt pour le sang innocent, tantôt pour le malheur, et toujours pour les libertés et les franchises du pays.

Un tel ensemble, si éloquent par les faits, doit aisément se passer de flatteurs ou de panégyristes. L'existence de M. Dupin est du petit nombre de celles qui ne se louent pas, elle se raconte !

En effet, depuis 1815 est-il un seul événement important, judiciaire ou politique, aux débats duquel son nom ou son talent n'aient été attachés en première ligne. A une époque où tout le monde n'osait pas, ou même, ce qui est plus vrai, ne savait pas faire de la légalité et de la résistance utile, dans les temps difficiles de la restauration, quand la tribune, étouffée par une majorité vendue, la presse mutilée par la persécution n'étaient plus que des organes presque éteints, n'est-ce pas M. Dupin qui, le premier éleva une seconde tribune libre, affranchie, dans l'enceinte de la justice? N'est-ce pas de cette tribune improvisée qu'il lança ces chaleureuses défenses, celle du *Constitutionnel*, du *Journal des Débats* et autres, qui ranimèrent les espérances du pays, et qui concentrèrent la force d'action dans les tribunaux? N'est-ce pas aussi dès ce moment que le drapeau de la liberté de la presse fut planté en présence du glaive des lois et comme pour l'enchaîner ? N'est-ce pas du sein de ces luttes judiciaires, et de cette même bouche, que partit le fameux cri de ralliement jeté à la France en présence d'un pouvoir ombrageux et puissant alors, *point de loi, point d'impôt*, d'où bientôt sortit la redoutable association bretonne, qui devint aussi celle de la France ? Enfin, n'est-ce pas lui encore qui, dans cette même affaire du *Journal des Débats*, parlant des soldats dont on menaçait la liberté, adressa au pouvoir cette terrible leçon : « C'est un mauvais jeu que d'employer les soldats à faire des coups d'État : les coups d'État sont les *séditions du pouvoir*, et ne lui réussissent jamais contre les lois. »

A l'apparition des ordonnances qui sonnèrent les funérailles de la restauration, n'est-ce pas M. Dupin qui le premier, consulté comme avocat, conseilla énergiquement la résistance, en déclarant « qu'un journal qui se

» soumettrait ne devrait pas trouver en France un seul
» abonné. »

Comme député à cette époque, n'accomplit-il pas tous ses devoirs? Ne le vit-on pas protester, résister?... Et si son nom ne figurait pas sur une certaine liste d'adhérens (et non de signataires, car les noms seuls furent comptés et les signatures ne furent pas prises) à la protestation contre les ordonnances, il a été nettement établi comment et par qui son nom fut effacé......! mais nous avons dit que nous ne voulions pas défendre M. Dupin....

Depuis juillet, son attitude à la Chambre n'a-t-elle pas toujours été la même? Ferme dans ses principes de liberté et de légalité, n'a-t-il pas marché, comme il le dit lui-même, indépendant parmi les indépendans, et toujours l'homme du droit commun?

Quand il s'est agi du sort de l'aristocratie héréditaire, n'a-t-il pas dès l'abord proclamé qu'il voterait contre l'hérédité? Quand il s'est agi de la loi d'avancement dans l'armée, ne s'est-il pas encore empressé de proscrire le privilége en s'écriant : « Plus de garde privilégiée, plus
» de Suisse! Tout soldat français peut dire aujourd'hui :
» Je suis de la garde du roi. »

Enfin, quand une pétition vint réclamer l'expiation due à la mémoire de la noble victime de 1815, n'a-t-on pas vu l'âme généreuse du vieux défenseur se réveiller énergique et dévouée comme aux tristes journées de la défense, et faire palpiter tous les cœurs des émotions qui l'animaient? Quelques jours après, n'a-t-on pas vu même main courageuse qui, en 1815, à la face des bandes étrangères, maîtresses de la capitale, protestait au nom de son noble client contre la violation de la foi écrite et jurée, mettre au jour le beau mémoire que nous publions, rédiger encore la requête de la famille adressée au roi, et enfin appeler ainsi et sans relâche le gouvernement sur le terrain de la réparation ?

Après un tel récit, courte analyse de la vie politique de M. Dupin, on peut s'arrêter avec la douce conviction que tout ce qui porte un cœur d'honnête homme a compris et admiré cette existence si active et si pleine !

Et cependant, c'est ce même citoyen qui pendant près de quinze ans a été l'objet, disons le mot, de toutes les caresses, de tout l'amour de la publicité, qui, marchant toujours dans sa ligne tracée, dans ses principes arrêtés, toujours dévoué à son pays, à ses libertés, a tout à coup été accusé au nom de la liberté elle-même... Une ligue ennemie de tout ce qui est vraiment honorable et utile s'est déclarée sa persécutrice... Elle a essayé de briser sa vieille couronne de popularité, de souiller les actes les plus purs de sa vie, enfin de déshonorer ce qui était l'honneur lui-même !

Déplorables et inutiles desseins! Dans des momens d'orage on a pu égarer l'opinion du pays sur le compte de quelques citoyens que l'envie ou l'ambition avaient intérêt de précipiter. Le temps du calme aura son tour. Les nuages dissipés, le jour de la vraie lumière se lèvera. Chacun alors apparaîtra au pays avec ses œuvres, ses services véritables, et ce jour-là la popularité éclairée et juste saura reconnaître et retrouver de nouveau les fronts qu'elle avait, une première fois, marqués de son doigt puissant !

Pour nous, qui jusqu'ici avons fait et ferons toute

notre vie étude de ce qui est le vrai, le bien ou le mal, et qui, dans ces pages, n'avons d'autre intérêt que la satisfaction de parler avec une sécurité entière le langage de la probité et de l'honneur, nous n'avons pas balancé un instant à raconter, en tête des documens que nous livrons à la publicité, tout le bien qui nous semble couler à plein bord dans la carrière politique de M. Dupin....

En agissant ainsi, nous ne sommes mus, nous le déclarons encore, que par cette double pensée que nous croyons honorable, qu'il serait temps d'arrêter ces torrens d'outrages qui, déconsidérant la presse, l'empêcheraient d'accomplir sa haute mission, celle d'éclairer, de régir le monde, et qui finiraient aussi par couvrir la nation d'un déshonneur moral, s'il ne s'élevait de toutes parts des désaveux et des protestations solennelles!

Eh quoi! c'est lorsqu'au sein du pays s'agite et s'organise un parti qui, à tout prix, l'invasion, la guerre, le sang, veut ramener une légitimité que la main de Dieu, qui condamne le parjure, et celle du peuple, qui le punit, ont précipitée du trône; c'est quand ce parti audacieux, coupable, insulte chaque jour à notre régénération politique, aux hommes qui l'ont accomplie, et à ceux qui la défendent et la vivifient; c'est enfin, lorsqu'en présence de cet esprit ardent de dissolution et de désordre, il serait nécessaire, pour l'enchaîner, de serrer les rangs et de présenter la nation debout et compacte, que l'on verrait les amis de la liberté de juillet se séparer, se heurter violemment, s'oublier, se méconnaître et se livrer combat à outrance?.... Non, non, un tel oubli de ses propres intérêts, de ceux du pays, de la justice, de la probité, de l'honneur, ne saurait rencontrer partout des complices... Il faut que cette fièvre de diffamation cède au cri de salut.... Il faut que la France se rallie autour des hommes qui font sa gloire et qui feront sa force.... Si la patrie a encore de mauvais jours à subir, si l'esprit de contre-révolution et d'anarchie doivent la travailler encore, qu'elle soit bien pénétrée de cette vérité, que les fléaux à venir ne pourront être conjurés que par les hommes d'une vie publique éprouvée, d'un dévouement constant et d'un savoir incontestable.

Ces hommes seuls possèdent des ressources assurées pour tous les périls... Seuls ils ont reçu de la nature ce bras puissant et cette voix tonnante qui dompte la tempête... Et seuls aussi, dans les tourmentes publiques, ils sont le seul abri de l'ordre social!... Aussi, quand nous entendons répéter, par les casuistes du droit divin, que *les dieux de la France s'en vont*, nous répondons avec orgueil et sécurité : « Qu'importe, si ses grands citoyens lui restent ! ! ! ..... »

LAUMOND,
Avocat à la Cour royale de Paris.

Paris, ce 15 décembre 1831.

DE LA

CHAMBRE DES PAIRS.

PREMIÈRE LETTRE.

DE L'ARISTOCRATIE ET DU CLERGÉ.

Mon cher ancien Confrère,

Dans votre dernière lettre, vous vous excusez d'avoir risqué quelques questions au sujet de la *loi de la pairie*; vous ne vous occupez, dites-vous, de politique, que parce que vous êtes *en vacances*, et en quelque sorte par oisiveté..... Il faut donc que je me hâte de vous répondre, car voici les vacances qui vont finir, et je craindrais, si ma lettre ne vous parvenait qu'après la rentrée des tribunaux, que vous n'eussiez plus le loisir ou la volonté de prêter une attention à ma réponse.

Vous ne vous expliquez pas, dites-vous, les préventions que l'on conserve encore contre l'aristocratie dans l'état où la révolution l'a réduite. Vous ne concevez pas surtout comment ces préventions ont pu pénétrer dans la Chambre des députés et réagir sur la pairie actuelle, qui n'est au fond qu'une création constitutionnelle. Enfin, vous paraissez craindre qu'en retranchant l'hérédité on ne rende impossible la constitution d'une nouvelle pairie.

Si, dans cette lettre-ci, je ne réponds pas à toutes vos questions, je veux du moins répondre à la première; et si vous en êtes satisfait, je vous dirai le reste une autre fois.

Oui, mon cher ancien confrère, il existe un sentiment réel et profond, un sentiment général au sein de la nation française, la haine de la noblesse féodale, de l'émigration liée aux invasions étrangères, et en général de toute aristocratie privilégiée. C'est le sentiment fixe de notre révolution; c'est au fond *la révolution elle-même, toute entière.*

La révolution française n'a pas été dirigée contre le pouvoir royal. Toute notre histoire est là pour attester l'amour vrai des Français pour leur roi, amour fondé sur leur intérêt réciproque long-temps identique, et qui persévérait encore, même après qu'on eut réussi à les séparer. C'était une vieille liaison qui continuait sur d'anciens souvenirs.

Les rois ne s'étaient mis décidément du côté de l'aristocratie qu'après l'avoir abattue. J'entends abattue *politiquement;* car elle avait, du reste, conservé précisément ce qui servait à la rendre odieuse au peuple : des droits féodaux, vexatoires et usurpés, l'insolence et l'orgueil, *plus remarquables encore chez les hobereaux que dans la haute noblesse*, mais, par là même aussi, plus odieux aux masses au milieu desquelles ils exerçaient leurs droits de corvée, de chasse et de colombier.

Le mépris se joignit aussi à la haine quand on vit la noblesse séparée de son prestige antique, n'ayant conservé que la partie vaniteuse de ses droits : des titres qui ne répondaient plus à rien de réel, prodigués, vendus, usurpés, au point qu'il était passé en proverbe qu'*en France est marquis qui veut*.

C'est même parce que les nobles étaient tombés dans cet état d'humiliation sous les efforts lents mais continus du roi et de son parlement, qu'aux approches de la révolution de 1789, ils se sont associés à l'opposition contre la Cour, s'imaginant ne prendre que leur revanche contre le pouvoir royal qui les avait si fort maltraités. Et c'est seulement quand ils ont vu que cette révolution se rabattait contre leurs priviléges, qu'ils ont voulu persuader au roi *que leur cause était la sienne propre*. De ce moment, ils ont cherché tant qu'ils l'ont pu à se faire un rempart de ce trône qu'eux-mêmes avaient contribué à ébranler; et après l'avoir compromis par cette funeste solidarité, ils l'ont déserté, car l'émigration ne fut, il faut le dire, qu'une lâche désertion commise envers la personne du roi et sa couronne, avant même de devenir une trahison contre la patrie.

Dès l'instant même où elle a existé, l'émigration a opéré une scission profonde entre ses doctrines et celles de la révolution, et par suite une séparation irréconciliable entre les partisans de l'une et de l'autre. Les sectateurs de l'émigration ont été *en dehors de la nation*, qui les a mis elle-même *en dehors de la loi;* de ce moment les intérêts et les affaires de

France ont été sans eux, et l'on a dû opérer contre eux puisqu'ils s'étaient ligués avec nos ennemis, et que dans leurs rangs, à leur tête (au moins dans le conseil), on voyait les princes qui, pour eux et avec eux, avaient quitté leur frère, leur pays et leur roi.

Il n'est pas inutile non plus de remarquer en quoi le clergé fit cause commune avec l'émigration. Si les prêtres avaient été fidèles au précepte de Jésus-Christ, *mon royaume n'est pas de ce monde*, aucune révolution n'eût pu les atteindre, et, toujours la même au milieu des ruines, la religion n'eût eu que des consolations et des secours spirituels à offrir aux malheureux et aux criminels de tous les partis!... Mais l'Église était devenue privilégiée; il y avait des prêtres nobles, des évêques seigneurs, quelques-uns même grands seigneurs; ils étaient logés dans *les fiefs*, tous levaient la dîme et des droits seigneuriaux : impossible par conséquent de réformer les abus sans atteindre les prêtres aussi bien que les nobles. Leur point de contact était *le privilége et la féodalité*.

Sans doute, comme je l'ai déjà dit, la religion était bien en dehors de tout cela ; mais, de même que les nobles se sont retranchés derrière la royauté, les prêtres ont essayé de se retrancher derrière la religion et de la faire servir à protéger leurs vues ambitieuses. Qu'en est-il résulté? que la religion et la royauté en ont également souffert; leur culte a été violemment interrompu; le type seul en est resté dans le souvenir des peuples.

La révolution s'est élevée sur ces ruines; et dans les principes qu'elle a défendus avec énergie, avec persévérance, et sans déviation, son but permanent a été d'établir un système *de droit commun, l'égalité pour tous devant la loi. Plus de priviléges ni de privilégiés!* telle a été sa devise; et, par suite, haine à tout ce qui les rappellerait; défiance extrême de tout ce qui y ressemblerait; appréhension vive de les voir revenir. En un mot, ce que la révolution avait détruit, elle voulait l'avoir détruit pour toujours. C'était là tout l'instinct de sa conservation.

Cependant il a fallu, pour protéger la révolution elle-même et ses intérêts, une forme de gouvernement. L'émigration avait amené la guerre; la guerre civile en même temps que la guerre étrangère. Le courage héroïque de nos soldats avait suffi contre l'ennemi du dehors; toutes les mauvaises passions firent la guerre du dedans : elles voulurent se satisfaire par le meurtre et la spoliation.

L'anarchie qui en fut la suite n'avait produit que dégoût, et la lassitude avait plus d'une fois failli d'amener une réaction. Toutefois, qu'on ne s'y méprenne point : la masse de la nation s'écartait, *non pas de la révolution, mais seulement des hommes qui l'avaient souillée par leurs excès,* et qui, bons pour détruire, mais inhabiles à gouverner, avaient menacé toutes les existences, et compromis tous les intérêts.

Napoléon, général et victorieux, représentait la révolution; il s'était battu pour elle, il pouvait la défendre encore; tout l'appelait, tout le portait au pouvoir.

On avait soif de bon ordre; il le rétablit. Ce besoin devenu général favorisa tout ce qu'il entreprit dans cette vue. Les républicains furent bientôt mis hors de la question ; les anciens royalistes de même. La nation en masse resta avec lui.

Le sentiment religieux n'était pas éteint ; il vivait au fond des cœurs. Le culte se ranimait de fait ; il le reconstitua de droit. On put redire de son concordat ce qu'on avait dit autrefois de celui de François Ier. : « Que le roi et le pape s'étaient donné réciproquement » ce qui ne leur appartenait pas quant à la nomination » et à l'institution des évêques. » Toujours est-il que cet arrangement servit puissamment sa politique. Il en finissait avec l'ancien clergé, le clergé émigré ; il en recréait un nouveau qui ne fit nulle difficulté de lui prêter serment.

Le concordat était accompagné d'une loi organique qui fixait le régime intérieur du clergé, et qui avait pour objet de le contenir dans les liens de la discipline temporelle. Enfin, un peu plus tard, quand il en vint à se faire sacrer empereur par le pape, il ne négligea pas de faire croire qu'à côté du vœu national se trouvait aussi *un peu de droit divin*...

Par toute cette conduite, il faut le reconnaître, le clergé de l'empire fut fort soumis à l'empereur, il lui fut même dévoué ; non-seulement il ne fit pas difficulté de chanter le *Domine salvum fac imperatorem ;* mais, dans un catéchisme adopté par tous les diocèses, on mettait au rang des articles de foi, *d'aimer Napoléon à peine de damnation éternelle.* En un mot, le clergé de l'empire en fit assez pour exciter au plus haut degré, après la restauration, la rancune du clergé émigré.

Napoléon fut-il aussi politique, aussi habile, en rappelant les émigrés ? Oui, si l'on fait attention au principal motif de sa détermination.

1°. Il considéra moins la personne des émigrés que leurs familles restées en France ;

2°. Il les rappela, non comme *nobles*, mais comme *proscrits ;*

3°. Leurs malheurs avaient assez duré ; et cela est si vrai, que, malgré la haine toujours subsistante contre les maximes de l'émigration, on vit généralement avec intérêt leur sort s'adoucir ;

4°. Avec le temps, ils trouvèrent égards et accueil au sein de la population, ceux-là du moins qui parurent rentrer de bonne grâce au milieu d'elle ; et elle ne reprit contre eux ses préventions que lorsqu'ils manifestèrent des regrets, ou menacèrent de vouloir reprendre quelque chose de leurs anciennes prétentions.

Bientôt, Napoléon ne se contenta plus d'être le premier magistrat de la nation. L'ancien régime était à bas, le nouveau comptait déjà assez de nouvelles existences pour désirer d'assurer leur maintien. Ceux qui avaient couru la chance du héros, s'effrayaient de voir leurs intérêts en *viager sur sa tête*. Il se fit, ou on le fit empereur, avec droit *d'hérédité* dans sa famille.

Pour ce grand œuvre, les anciens privilégiés s'étaient trouvés d'accord avec ce qu'on pourrait appeler la nouvelle aristocratie, c'est-à-dire les supériorités sorties du sein de la révolution.

Cette forme monarchique tuait les espérances de l'ancienne dynastie ; mais elle ranimait l'espoir personnel des anciens privilégiés : c'est tout ce qu'il leur fallait ; car pour eux (et les rois à la fin devraient en être bien convaincus) peu leur importe *qui règne*, pourvu qu'ils croient qu'on va *régner pour eux*.

Alors ils poussèrent aux *conséquences* et aux développemens de l'institution monarchique, et, à quelques nuances près, la France revit cet ancien régime qu'elle croyait pourtant avoir détruit sans retour. On vit :

Un empereur, — au lieu d'un roi;

Le sacre par un pape, — au lieu d'un archevêque;

Le manteau semé d'abeilles, — au lieu de fleurs de lis;

Des maréchaux, — faisant l'office des anciens pairs;

Des chambellans, — au lieu des gentilshommes de la chambres;

Une livrée verte, — au lieu d'une bleue;

Des ducs, des comtes, des barons, — et du blason comme autrefois;

Des majorats héréditaires, — au lieu des anciens fiefs [1].

Une clause sembla suffire pour rassurer la France de la révolution, en disant que les terres titrées n'auraient point de prééminence sur les autres glèbes, et que les titulaires n'auraient pas, à raison de leurs titres, de supériorité personnelle sur leurs concitoyens. Il semblait dès lors qu'il n'y avait rien en cela de

[1] Ils en portèrent même effrontément le nom dans les pays de conquête (témoins les *fiefs* de Guastalla et de Piombino); et ces majorats se rapprochaient plus en réalité, par leur constitution et leurs priviléges, des fiefs tels qu'ils étaient dans l'origine, que de ceux que la révolution avait détruits, et qui depuis plus de deux siècles n'étaient plus que la dégénération des anciens.

contre-révolutionnaire ; mais, de fait, c'était la résurrection d'une noblesse, non pas seulement nominale, mais territoriale, et en possession par les places de tous les pouvoirs de l'État.

Ainsi, autant qu'il dépendit de Napoléon, il rappela toutes les *formes de l'ancien régime.* Et cependant la nation ne s'insurgea point! Pourquoi? C'est d'abord parce qu'il était fort et très-fort, et que beaucoup de mécontens n'osent le paraître qu'avec les faibles. Ensuite, c'est qu'au fond ce n'était point la contre-révolution ni l'ancien régime : ce n'était point Coblentz ni l'émigration. Loin de là, c'étaient tous les hommes de la révolution, et avec eux tous ses intérêts. S'il y avait du danger dans l'institution, il n'était pas actuel, il n'était pas imminent ; il n'était que dans un lointain inaperçu par les masses.

Du reste, remarquons-le bien, Napoléon n'avait pas décrété qu'il y aurait une aristocratie ; il avait commencé par la voir se former sous sa discipline et à côté de lui. Dans les combats, dans l'administration, dans toutes les parties du service public, du commerce et de l'industrie, son scrupule, son attention, son habileté à saisir, ou son bonheur à rencontrer toutes les supériorités dans chaque genre, l'avaient entouré, de fait, de toutes les forces vitales de la nation.

Les médiocrités n'osaient murmurer ; et quiconque avait une capacité réelle, loin de voir cet ordre de choses avec envie, n'y apercevait qu'un point de mire et d'émulation. Voilà, se disait-on, voilà où nous pouvons arriver à présent! Autrefois cela nous eût été impossible ; c'est donc encore, c'est donc toujours la *révo-*

lution, mais la révolution riche, brodée, triomphante et anoblie !....

Les anciens privilégiés crurent tellement à la force et à la durée de ce nouvel ordre de choses, qu'ils briguèrent l'honneur d'y entrer; et, en les admettant, Napoléon eut au moins cette politique, de les admettre, non pas à *titre ancien*, à titre légitime, mais à *titre nouveau conféré par lui-même* [1]; ce qui, dans sa pensée, et en apparence au moins, était les enlever à leur caste en les attachant au char de l'empire.

Ainsi, de deux choses l'une : 1°. ou les anciens nobles acceptaient le nouveau régime (et le nombre en fut grand, surtout pour les emplois civils), et alors c'était autant d'enlevé aux vieux fermens de l'ancien régime; 2°. ou ils restaient obstinément dans leurs antiques prétentions (rien oublié, rien appris); mais, audit cas, ils n'osaient pas s'en prévaloir ouvertement; ils étaient obligés de les enfouir au fond de leurs hôtels ou de leurs châteaux; et dans leur ridicule, leur dépit ou leur humiliation, le peuple français voyait encore la prédominance de la révolution.

Si Napoléon a péri, on ne peut pas dire que ce fut parce qu'il avait organisé une aristocratie nouvelle, recrutée de quelques miquelets empruntés à l'ancienne; rétabli le culte catholique et créé un nouveau clergé priant pour sa dynastie, et pour le succès de ses armes !.... Remarquons toutefois que ces institutions furent plutôt un moyen d'ordre qu'un moyen de

[1] Aussi plus d'un ancien comte, institué par Napoléon au même titre, reçut de l'ancienne noblesse le titre de *contrefait* (comte refait).

puissance ; elles facilitèrent au dedans l'action de son gouvernement tant qu'il fut heureux ; mais elles ne le soutinrent pas dans ses revers, soit parce qu'elles n'avaient pas assez duré, soit parce que l'égoïsme, qui distingue par-dessus tout les aristocraties, leur fit entrevoir, sans trop d'effroi, un changement de gouvernement dont ces nouveaux privilégiés ne désespéraient pas de tirer parti ; et aussi parce que, fidèles à leur instinct, les anciens nobles, mêlés aux nouveaux, entraînèrent ceux-ci.

Je ne parle pas des trahisons, des défections particulières, mais je parle du sénat, composé en entier de fortunes nouvelles ; du sénat qui, dans le naufrage de l'empire, prononça lui-même la déchéance de l'empereur, et qui crut avoir tout sauvé, comme Énée emportant ses dieux domestiques, en stipulant la conservation de ses titres et de ses pensions.

Qu'arriva-t-il au jour de la restauration ? Et c'est ici, mon cher confrère, que j'appelle toute votre attention.

Une première réflexion surgit : certes les rois ont eu grand tort de détrôner Napoléon ! Il s'était fait un des leurs [1] ! lui seul avait rendu à la royauté sa grandeur et rappelé ses prestiges ; lui, plus que tout autre, avait réconcilié le peuple avec cette institution !

Je le demande :

1°. Si Napoléon n'avait pas préalablement rétabli la monarchie avec tout l'éclat de la gloire impériale, eût-il été aussi facile, eût-il été possible même de rétablir en France la royauté ? Un roi Bourbon eût-il

[1] *Ecce Adam, factus est unus ex nobis !*

pu, sans un intermédiaire qui eût familiarisé la nation avec l'aspect d'un trône, remonter d'emblée sur celui que la mort sanglante de Louis XVI avait laissé vacant ?

2°. Si Napoléon n'avait pas recréé une noblesse nouvelle, eût-on pu, en 1814, rétablir l'ancienne après vingt-cinq ans de totale interruption ? Toutes les supériorités sorties du sein de la révolution auraient-elles accepté la résurrection, humiliante pour toutes, d'une noblesse oblitérée, se traînant à la suite de l'étranger, et qui serait venue s'implanter au-dessus d'elles, comme au-dessus de tout le reste de la nation ?

3°. En un mot, l'ancien régime émigré aurait-il pu rentrer seul, isolé, avec la cocarde blanche, et ses titres abolis, au milieu d'une nation compacte, qui n'aurait pas pu le perdre un instant de vue, si Napoléon ne lui avait préparé toutes les issues par lesquelles il lui est devenu possible de s'infiltrer et de prendre position au milieu du pays, en se confondant avec des hommes à l'élévation desquels le pays avait applaudi ?

Non, certes, et en admettant que la nation, fatiguée de la guerre et redoutant des déchiremens intérieurs, eût accepté le retour de la dynastie déchue, elle eût pu crier *vive le roi !* mais assurément elle eût continué de crier : *à bas l'aristocratie !*

Pourquoi? parce que les griefs contre cette aristocratie seraient restés *sans mélange*, les mêmes qu'au jour de la révolution. C'eût été uniquement l'ancienne noblesse, c'eût été uniquement l'émigration; tout cela ensemble, d'un même côté; de l'autre, fût restée la nation entière, non pas dans ses prolétaires seulement, non pas dans ses membres en général les moins riches, les moins honorés, les moins considérables; mais la nation avec tous ses chefs militaires et civils, ses administrateurs, ses savans, et tout ce qui, pendant vingt-cinq ans, avait fait sa force et sa gloire!

Tous ensemble et sans division, se trouvant relégués dans la cause de la révolution, comprimés par l'étranger, en présence de l'ancien régime revenant comme un bagage à la suite des armées ennemies, celui-ci n'eût jamais tenté de faire prévaloir ses doctrines : il l'eût osé, qu'au premier essai il eût ressenti l'opposition de tous, et perdu toute espérance comme toute chance de succès!...

Mais le sénat, par son compromis, avait tout rendu facile. Au milieu des articles constitutionnels pour lesquels il s'était contenté d'une promesse vague, un seul avait réellement le caractère d'une *stipulation obligatoire*. C'est celui-ci : « Nous tous sé- » nateurs, nous garderons nos *titres et nos traitemens* » (36,000 fr. par an). » Aussi lit-on dans la Charte : « La nouvelle noblesse conservera ses titres; l'ancienne » *reprendra* les siens. »

Cette dernière disposition en faveur des anciens nobles devenait inattaquable, et cela même en haine de la fatuité des nouveaux. En effet, se disait-on de par le monde, si M.... est duc de B......, si S..... est duc de R....., si F..... est duc aussi; si sous les Bourbons légitimes tant de républicains, titrés sous l'empire, sont *les cousins* de Louis XVIII, pourquoi les Montmorency, les Choiseul et les Larochefoucauld ne reprendraient-ils pas leur ancienne position?

Et les nouveaux nobles eux-mêmes, bien loin d'avoir, en 1814, renouvelé l'exemple, qui pourtant aurait dû moins leur coûter, d'un sacrifice semblable à celui qu'avait fait l'ancienne noblesse dans la mémorable nuit du 4 août 1789, les nouveaux nobles, dis-je, furent enchantés de cette promulgation simultanée des titres nouveaux avec les anciens. Oublieux de la gloire de leur fondateur, ils se sont crus *un peu plus nobles*, parce qu'ils étaient mis sur la même ligne que leurs devanciers en armoiries; placés dans le même article, il semblait qu'ils eussent reçu le baptême en même temps, et que c'était *tout un*. Ils ne savaient pas qu'en fait de gentilhommerie le vieux l'emporte sur le neuf, et que dans ce rapprochement il n'y avait que du désavantage pour eux.

Quoi qu'il en soit, ils sont entrés dans la restauration, et pendant que les uns étaient persécutés, proscrits ou mis à mort, on vit les autres se pavaner aux Tuileries! Quelques mystifications aux femmes n'ont pas désenchanté les maris; ils se sont crus gens de cour; et comme le dit de lui-même et de ses *nobles* amis le marquis de Montcade, dans *l'École des Bourgeois*, ils s'y sont aussi regardés *comme les naturels du pays*.

Mais le vrai pays, mais la France, témoin de leurs actes, de leurs discours, de leurs salamalecs, de leurs défections, de leur petitesse enfin [1], n'a pas

[1] L'un d'eux, et des plus élevés en dignités, n'est-il pas mort de chagrin de n'avoir pas pu être nommé gentilhomme de la chambre du roi?

tardé à voir sa haine pour l'ancienne noblesse renforcée de tout le mépris qu'elle ressentait pour certains parvenus.

Elle a reconnu dans la *couardise* de ceux-ci, la première cause de sa faiblesse : que pouvait en effet, pour ses libertés, une nation surprise à l'improviste, qui s'était vue tout-à-coup séparée de tous ses chefs, de tous ceux qui pendant vingt ou trente ans avaient dirigé ses efforts vers la liberté, et qui, par leur défection soudaine, simultanée, par leur fusion sans réserve au profit d'un régime hostile à ces mêmes libertés, laissèrent le troupeau national sans pasteur, sans guide et sans gardiens?

Tout cela, il faut en convenir, n'était pas propre à réconcilier l'opinion publique avec l'aristocratie; et l'on disait hautement *que le meilleur n'en valait rien.*

C'est alors qu'a commencé cet appel à une génération meilleure et moins corrompue, et que l'aversion pour beaucoup d'anciennes célébrités proclamées infidèles est devenue, pour les plus jeunes, le principe d'une candidature anticipée.

Voilà, en général, les causes de l'antipathie de notre nation pour toutes les aristocraties; c'est un sentiment ancien, réfléchi, permanent, appuyé sur la triste épreuve qu'elle en avait faite dans tous les temps et sous tous les régimes.

En tout ceci, si nous revenons à la Chambre des pairs, on verra qu'une première source de prévention contre elle fut dans la prétention de Louis XVIII, de renouer par elle la chaîne des temps modernes à celle des temps anciens; et l'on ne douta guère du projet qu'il avait de rendre, s'il se pouvait, la prédominance à ceux-ci, par le choix des personnes, lorsqu'on y vit entrer des prélats, les anciens chefs de l'émigration, et, parmi les notabilités nouvelles, celles-là d'abord qui avaient été le plus au-devant de la légitimité, avec quelques-uns seulement (et comme pour échantillon) de ceux que l'éminence de leurs titres et de leurs services ne permettait pas d'exclure, sous peine de déconsidérer tout-à-fait l'institution.

Vinrent ensuite ce qu'on a nommé les *fournées de pairs*; l'une qui eut pour but de soustraire la pairie à cette influence trop prononcée de l'émigration; l'autre, de rendre à cette influence toute sa prépondérance; mais toutes deux ayant forcé la prérogative et affaibli l'institution!

En considérant, toutefois, les actes de la pairie, on ne peut pas dire qu'elle ait tout-à-fait manqué à sa vocation : au contraire on doit reconnaître qu'elle a résisté plusieurs fois, dans des circonstances importantes, ce que n'avait jamais fait le sénat, soi-disant *conservateur*. Mais deux faits graves ont contribué principalement à animer la nation contre la pairie.

1°. Le jugement du maréchal Ney, condamné sur la demande de l'étranger, sans que sa défense ait été libre, et au mépris d'une capitulation jurée les armes à la main; d'une capitulation qui protégeait à la fois nos citoyens et nos monumens; qui, violée sur le premier point, put l'être ensuite facilement sur l'autre, tandis que si elle eût été respectée par le premier tribunal du royaume, elle eût rendu impossible toute violation ultérieure de ses stipulations; elle eût prévenu toutes les réactions sanglantes qui, pendant plus de dix ans, ont promené le deuil et la désolation dans le pays!.....

2°. L'indemnité du milliard, votée par une majorité dont la plupart des membres étaient sordidement intéressés à y prendre part, et qui, même après le partage de ces dépouilles *payées par la rente, et qui ne l'eussent jamais été par l'impôt*, ont encore conservé, au sein de leur opulence reconquise, les PENSIONS accordées à leur détresse apparente ou présumée.

Vainement parmi les anciens se sont élevées des voix pudiques comme celle du duc de Choiseul, qui, chaque année, réclamait contre tant d'humiliation et de vénalité; vainement parmi les nouveaux l'opposition conservait de généreux organes; de nouvelles promotions quelquefois en masse rendaient bientôt la majorité aux intérêts anti-nationaux.

Voilà, dans toute sa sévérité, mais aussi dans toute sa vérité, la cause des préventions de la France contre la pairie de la restauration. La nation *se rappelle plus ce que la pairie a été, que ce qui en reste;* elle craint qu'à la longue elle ne redevienne ce qu'elle a déjà été: c'est du moins ce qu'on a pu lui persuader aisément.

En effet, on lui présente la pairie non pas comme un corps composé des principaux citoyens, les plus capables ou les plus riches, les plus intéressés au maintien de l'ordre et de l'état social, les plus intelligens des intérêts nationaux; on lui présente surtout la pairie comme un *corps nobiliaire*, un corps dont les élémens sympathisent avec l'ancienne aristocratie; non pas comme une réunion de fonctionnaires habiles et exercés dans toutes parties des services publics, mais comme un divan composé de ducs, de marquis, de barons, de vicomtes, de *seigneuries* enfin (car ils ont eu la fantaisie de se qualifier ainsi); prêts à reprendre, empressés à ressaisir toutes les brides de l'ancien régime; peu diposés du moins à accueillir les améliorations en faveur des masses, et faciles à sacrifier les intérêts de la révolution à leur élévation particulière et à celle de leurs enfans, qui s'échelonnent derrière eux dans la hiérarchie des titres, des sinécures et des bons emplois. Voilà à quoi leur a servi et la couleur que leur donne, aux yeux d'un peuple accoutumé à juger sur les apparences, cette adjonction de titres surannés, long-temps proscrits, dénués de signification propre et de valeur intrinsèque, au titre vrai et qui devait leur suffire de *pairs de France*, c'est-à-dire d'hommes revêtus d'une dignité réelle, *la même pour tous* ceux qui en sont investis, et qui se trouve dotée des plus belles prérogatives et des plus éminentes fonctions!

Alors, se dit-on, n'est-ce point assez de voir de pareilles choses *à vie* sans encore les rendre *héréditaires* de mâle en mâle par ordre de primogéniture?.... Et ici l'on n'écoute plus que la logique vive et passionnée des préventions et de l'antipathie.

Voilà, mon cher ancien confrère, le sentiment vrai, le sentiment qu'on peut bien appeler *national*, car il est généralement partagé.

Maintenant, ce *sentiment vrai* a-t-il produit une *opinion fausse* sur l'hérédité de la pairie? L'abus dont on se montre le plus affecté a-t-il égaré le jugement qu'on a porté sur la chose même? Ceux qui le pensaient ainsi ont essayé de le démontrer; pour moi, je vous le déclare, après y avoir long-temps et mûrement réfléchi, libre de tout engagement antérieur, ne cherchant que le vrai et croyant avoir agi pour le mieux dans le sens et dans l'intérêt du pays, je me suis affermi de plus en plus dans mon opinion *contre l'hérédité.* Sous peu, je vous en dirai les raisons.

Votre bien affectionné,

Paris, ce 17 octobre 1831.

DEUXIÈME LETTRE.

DE L'HÉRÉDITÉ DE LA PAIRIE.

Mon cher ancien Confrère,

Je sais bien que ma dernière lettre ne répondait pas à toutes vos objections : vous êtes partisan de l'hérédité de la pairie ; c'est pour vous comme une religion hors de laquelle vous ne voyez point de salut ; et je vous entends déjà vous écrier que j'ai bien expliqué le *sentiment* moral qui fait qu'on n'aime pas l'aristocratie, mais qu'il me reste toujours à justifier, en politique, *l'opinion* qui repousse l'hérédité, et à démontrer comment, sans hérédité, une pairie (si elle en conserve encore le nom) pourra prendre racine dans le pays, et y remplir sa noble destination !...

Eh bien ! mon cher confrère, je vais entreprendre de vous satisfaire ; et pour que vous ne puissiez pas croire que je me suis décidé en aveugle et en homme passionné, je veux d'abord vous prouver qu'en repoussant l'hérédité je n'en méconnais pas les avantages ; j'ajouterai seulement qu'à mes yeux, et à l'époque où nous vivons, ces avantages sont loin d'en compenser les inconvéniens.

Je ferai toutefois une observation préliminaire : c'est que l'hérédité n'est pas, comme on l'a prétendu, de *l'essence* de la pairie ; à tel point qu'on puisse dire avec un noble vicomte, aujourd'hui membre de la chambre des députés : « Je ne veux pas d'hérédité, » parce que sans hérédité *il n'y a plus de pairie.* » La preuve du contraire, c'est que la Charte de Louis XVIII portait en termes formels, qu'en nommant les pairs, le roi pourrait les nommer *à vie* ou *héréditaires*. Cette alternative prouve donc que, dans la pensée même de l'auteur de la Charte, l'hérédité n'était pas une des conditions essentielles de la pairie; il suffisait à l'indépendance des pairs qu'ils fussent *à vie*, c'est-à-dire inamovibles.

Du reste, j'en conviens, l'hérédité a des avantages qui lui sont propres. La pairie héréditaire, se trouvant hors la main du roi et du peuple, a *en soi* un principe de vie et de conservation; elle se recrute et se perpétue d'elle-même, en vertu des seules lois de son institution; plus d'indépendance s'y attache; rien n'inspire plus de fixité dans les idées. Plus la position individuelle du pair et de sa famille est brillante, plus son avenir est assuré, plus il a intérêt à se maintenir dans cet état de béatitude, et par conséquent à se garer d'une révolution; car une révolution est précisément la seule chose qui pourrait le lui faire perdre. Ainsi la pairie est comme un pilier; il n'avance, ni ne recule, mais il soutient.

Sans doute, un homme au cœur lâche le sera naturellement dans toutes les situations : tranquille sur le sort de son aîné, il n'en sollicitera pas moins pour les cadets, et il y aura des lâchetés avec l'hérédité, comme sans l'hérédité. Mais quelques fâcheuses exceptions ne détruiront pas la règle; et, en masse, la majorité des hommes placés dans la haute situation que donne la pairie héréditaire résisteront de fait aux basses suggestions d'un intérêt sordide, et s'opposeront, dans un intérêt plus noble et plus sagement entendu, à toutes les tentatives dirigées contre la constitution et l'ordre établi; au contraire, l'homme purement viager fera comme le sénateur; il sacrifiera surtout au présent, et s'il apparaît un nouveau maître, pourvu que celui-ci lui continue, sa vie durant, *le même gage* que l'ancien, même en le dispensant des services, il accordera tout : *personne ne sera déshérité dans sa famille.*

Si le hasard de la naissance fait que quelques hommes ineptes succèdent à des hommes d'une haute capacité, le contraire n'est pas impossible, et, comme on l'a dit spirituellement, si les gens d'esprit sont exposés à faire des sots, les sots aussi sont parfois exposés à faire des gens d'esprit. Au milieu de ces chances exceptionnelles, il en est une plus certaine : c'est qu'en général la prédestination assurée à un état fait qu'on s'y prépare par les études et par les mœurs convenables; si de vieux troncs pourissent, de verts rameaux s'élancent à côté; et comme il est dans la nature de la pairie constitutionnelle d'appeler à soi, pour se les approprier, toutes les gloires, tous les services, toutes les supériorités, la masse votante ne manquera jamais d'hommes habiles pour éclairer ses délibérations et pour diriger ses votes, au fond desquels agira, toujours et sur tous, *l'instinct prédominant de conservation*. Or, telle est la principale destination de la pairie.

Voilà, mon cher confrère, le résumé de ce qu'on a pu dire de plus plausible en faveur de l'hérédité de la pairie. Mais si tous ces avantages se trouvent en effet attachés à l'hérédité, est-ce bien l'hérédité seule qui les donne? Et n'est-ce pas plutôt l'hérédité accompagnée d'autres circonstances?

On a souvent cité la pairie anglaise! Mais (outre que cette pairie a vécu plus qu'elle ne vivra, car elle est peut-être à la veille de subir de grandes modifications) la pairie anglaise n'est pas bornée à elle seule comme puissance et comme action. Elle est placée au sommet d'une foule d'intérêts identiques ou analogues; elle représente tout un système d'intérêts fondés comme elle sur l'hérédité, ne fût-ce que l'hérédité du sol féodal qui lui appartient presque exclusivement, et qui, comme elle, se transmet par ordre de primogéniture.

C'est alors qu'une pairie héréditaire apporte, en raison même de cette hérédité, une très-grande force au trône, parce qu'elle ne lui apporte pas seulement sa force numérique qui n'est rien, mais (ce qui est immense) elle lui apporte la force de tous les intérêts homogènes dont elle est l'abrégé et comme l'expression.

Il en faut dire autant de *l'hérédité des charges* dans nos anciens parlemens (et vous savez, mon cher confrére, quelle est ma vénération pour les souvenirs et les exemples que nous ont légués ces grands corps de magistrature!) Mais, du temps de nos parlemens, l'hérédité des offices se liait à un vaste système de substitutions et de perpétuité dans les familles, d'un même état, d'un même domaine. Cette aristocratie était réelle; car elle avait pour base *la propriété*. Chacun héritait de la charge de son père comme d'un patrimoine, parce que l'État l'avait originairement vendue à bons deniers comptans; et ces charges elles-mêmes, à la différence de la noblesse purement nominale, emportaient avec elles l'exercice d'un pouvoir véritable, nullement hostile à la nation, car elle y trouvait asile et protection contre l'insolence ou l'avidité des privilégiés ; et favorable à la royauté, car les parlemens l'avaient en quelque sorte assise en ruinant à son profit l'autorité des grands vassaux, réduits, à force d'arrêts, à n'être plus que ses justiciables.

Mais quand tout cela est détruit, prétendre reconstituer la chose à froid, c'est de l'alchimie! On conçoit le feu qui réduit le bois en cendre et en fumée ; mais qui refera le bois avec la cendre et la fumée ?...

Aujourd'hui tout le monde en France (excepté la portion folle) reconnaît l'utilité, l'indispensabilité d'un trône héréditaire ; sans cela, et à chaque vacance, l'État serait déchiré ; c'est à qui se mettrait sur les rangs, et des candidats par centaines offriraient de de faire la place *au rabais !*

Mais on n'éprouve pas, à beaucoup près, le besoin d'une aristocratie héréditaire ; et lorsque quarante ans de lutte obstinée ont à peine suffi pour en délivrer le pays ; quand le dernier divorce avec la contre-révolution ne date encore que d'une année ; quand les débris du ver coupé s'agitent en tous sens et brûlent de se réunir, qui voudrait, qui prétendrait la reconstituer ? Qui croirait surtout qu'une pairie héréditaire serait la représentation d'une force particulière dans la société de 1830 ?

Évidemment il manque le fond, c'est-à-dire un fond d'intérêts identiques et analogues dont la pairie soit la représentation propre. Des pairs héréditaires ne représenteraient qu'eux ; représentation d'égoïsme, d'individualité, de complaisance en soi-même ; un intérêt d'immobilité tout au plus rationnel ou doctrinal, mais qui n'aurait rien au dehors pour le soutenir et pour l'appuyer. En l'état actuel, des pairs héréditaires seraient une classe à part ; mais ils ne seraient reconnus ni regardés par aucune classe comme ses patrons et ses protecteurs particuliers.

Ils ne seront pas regardés comme tels par ce qu'on appelle la démocratie, parce qu'elle n'ignore pas qu'ils sont érigés contre elle, et destinés à lui servir de contrepoids ; elle se verra toujours dans la Chambre des députés et non ailleurs.

Les pairs héréditaires ne seront pas même avoués par l'ancienne aristocratie, car déjà sous Louis XVIII et sous Charles X elle les a vus avec dépit ; elle y trouvait une rivalité accablante pour la *noblesse de race*, qui se regarde comme la seule vraie ; et c'est peut-être le seul côté par lequel la pairie de la restauration eût pu se recommander à la nation et se faire pardonner ses priviléges : si, rendant à l'ancien régime antipathie pour antipathie, elle eût compris sa position constitutionnelle, et si elle l'eût rendue tout-à-fait nationale par une résistance plus marquée à toutes les tentatives de la contre-révolution.

C'est au milieu de ce discrédit du haut et du bas que les doctes partisans de la pairie héréditaire auraient voulu persuader au trône qu'il avait grand intérêt à défendre *l'hérédité ;* qu'il y allait presque du salut de la couronne de revendiquer pour la pairie le maintien de ce *privilége !* Comme si la royauté de 1830 pouvait oublier que le trône n'a jamais été fort en France que par son alliance avec les communes, et qu'il a toujours subi quelque échec quand il a voulu se faire le champion de l'aristocratie à l'encontre des masses !

Consultez l'histoire de l'aristocratie près du trône !... et, sans remonter plus haut, celle de Louis XVI, de Louis XVIII et de Charles X lui-même !... Et c'est au profit d'une aristocratie qui n'est plus, et d'une aristocratie qui n'est pas encore, que l'on voudrait que le trône populaire de Louis-Philippe se fût immolé ! Non, non ; les aristocraties sont de véritables Narcisses, par trop amoureuses d'elles-mêmes. Il faut de deux choses l'une : ou leur tout sacrifier, et alors on se rend odieux pour elles ; ou leur refuser quelque chose, et alors elles vous désertent sans pitié.

En cet état quel était le devoir du législateur ? C'était de faire comme Solon, de s'accommoder au temps et aux gens ; de connaître sa nation, d'étudier son vœu, et de s'y conformer. La couronne a donc fait sagement en ne présentant pas sa pairie comme une aristocratie *héréditaire*, ni surtout comme une aristocratie *nobiliaire !* elle a sagement fait en retranchant de l'art. 23, relatif à la nomination des pairs par le roi, cet mots : *Il peut en varier les dignités !* Cette *variété* ne va pas avec le mot *pairie*. Cet accouplement d'un titre vivant, celui de *pair*, avec un titre mort, est un non-sens. Qu'est-ce à-dire, en effet, qu'un pair-*vicomte*, un pair-*baron*, un pair-*marquis ?* Autant vaudrait voir un procureur-général ajouter à son titre celui de *sénéchal*, le maire de Chartres s'appeler *vidame*, et le maire d'Autun reprendre le titre de *vergobret !*... Les titres nobiliaires sont comme les prénoms; ils sont individuels et en dehors des fonctions publiques, dont ils ne sont plus l'expression.

Cependant, en l'absence de toute aristocratie constituée, reconnue, ayant privilège et faisant *seigneurie* dans l'État, reconnaissons un autre danger énorme, pressant, et qui mérite toute la considération des hommes politiques : une démocratie sans contrepoids, nombreuse, ardente, impossible à contenter tout-à-fait, difficile à contenir, et qui menace de tout envahir et de tout déborder !...

Certes, le gouvernement serait facile à qui pourrait maintenant donner à chacun une place à son goût, ou une bonne pension, ou des capitaux pour faire le commerce ou le continuer en prévenant ou réparant des désastres. Voilà les exigences du jour ! Soyons sincères avec la révolution de 1830 ; ce genre de pétition a remplacé les demandes pour être chambellan ou gentilhomme de la chambre, et obtenir la permission de se broder à ses frais. Le nombre des solliciteurs n'a pas diminué : il s'est accru, et la différence n'est que dans la qualité, le nombre et la pétulance des demandeurs, dont trop souvent la capacité est du dernier ordre et l'ambition est du premier rang !...

Ne dissimulons rien, cette ambition est la plaie du jour ; l'envie se cache souvent derrière le mot égalité ; les gens les plus indignes de parvenir ne sont pas les moins ardens à se pousser ; si l'on ne veut s'élever au-dessus des autres, on tâche au moins de ravaler tout ce qui est au-dessus de soi : toute cette effervescence ne peut pas se calmer en un jour.

Le remède à ce débordement serait-il donc dans le choix de deux à trois cents familles constituées en titre d'office, puissantes et fortunées de mâle en mâle à perpétuité, en présence ou d'un désappointement ou d'une détresse qui s'aigriraient par le spectacle même de ces quelques fortunes privilégiées? Non.

La démocratie aujourd'hui ne peut être vaincue que par elle-même, il faut la décimer, il faut lui enlever une à une toute ses capacités (j'entends les véritables, et le nombre n'en est pas infini), et intéresser ces capacités à prêter leur force au gouvernement pour faire prévaloir cette maxime *d'égalité vraie*, qui n'est au fond que la justice, et qui force à rester soldat celui qui n'est pas digne d'être officier, et réduit à obéir celui qui n'a pas mérité de commander.

Tel a été le secret de Napoléon, au moins dans les belles années de son administration. Sorti du sein de la nation, grand comme elle, décidé à faire prévaloir ses intérêts, il a appelé à lui toutes les forces, toutes les capacités de l'État; et dans chaque partie du service, sur chaque point de l'empire, ayant pour lui les hommes les plus habiles, il n'a laissé que les *mazettes* dans l'opposition : à la différence de la restauration, qui, prenant à sa solde un grand nombre de médiocrités, a laissé en face de ses agens tout ce que la nation avait de plus habile et de plus vigoureux.

Tant vaut l'homme, tant vaut la terre, dit le proverbe; il est encore plus vrai de dire : Tant vaut le fonctionnaire, tant vaut la place.

La force actuelle de la pairie ne saurait être dans l'hérédité, qui n'est d'ailleurs qu'un futur contingent. Elle sera avant tout dans *le personnel de la pairie*, dans le choix plus ou moins heureux de ses membres;

dans la fermeté avec laquelle ils sauront immédiatement accomplir leur mission constitutionnelle. Tel est l'horoscope de la pairie, ses destinées sont là; dans la valeur intrinsèque des pairs et dans leur conduite parlementaire : elle ne saurait être ailleurs.

Oui, je ne crains pas de le dire, moins de préventions eussent existé contre la pairie, et contre l'hérédité avec elle, si le catalogue des pairs au profit desquels il s'agissait de la confirmer n'eût offert que des noms chers à la France, des noms tels par exemple que ceux des Ségur, des Broglie, des Choiseul, des Jaucour et des Tracy; ou bien encore ceux de Siméon, Boissy-d'Anglas, Barbé-Marbois, Chaptal, Roy, Lanjuinais; ou enfin ces noms qui rappellent tant de gloire à la France : Jourdan, Truguet, Dalmatie, Trévise, Vagram et Montébello! Au lieu qu'on y trouve d'autres noms contre plusieurs desquels existent de vieilles rancunes, des préventions, des défiances que les actes et les discours, même ceux postérieurs à juillet 1830, sont loin d'avoir dissipées.... C'est sous l'empire de ces préoccupations que la Chambre des députés a créé des catégories. Elle a voulu des conditions légales, des présomptions de services rendus, de capacités acquises, pour s'assurer qu'à l'avenir les choix de la couronne seraient élevés, purs d'intrigues, de contingens ministériels, et qu'enfin la pairie ne serait plus, comme disaient nos pères, livrée *à l'infestation des gens de l'hôtel.*

Sans doute ces craintes sont exagérées, les temps ne sont plus les mêmes; on peut se rassurer. Il y va de l'intérêt très-direct du roi, du salut de sa personne, de la stabilité de sa dynastie. Ce prince est dans la force de l'âge et de la raison mûrie par une longue et forte expérience ; il est bon citoyen, excellent père de famille, et désireux aussi de *fonder pour ses enfans*. Ce n'est, à notre égard, ni un nouveau venu, ni un revenant : c'est un des nôtres ; il n'a pas une origine distincte de la révolution de 1830 ; il est solidaire avec elle ; il vit de la même vie ; il périrait si elle périssait ; il a les mêmes ennemis, ennemis irréconciliables ; les mêmes, toujours obstinés, qui ne lui pardonneront jamais son titre de roi-populaire et de roi-citoyen ; gens trop semblables dans leur entêtement à cette vieille douairière de la place Royale, qui, dix ans après la mort de Henri IV, toujours ferme dans sa haine contre le bon roi, disait encore, avec toutes les marques apparentes d'une haute considération : *feu M. de Ravaillac* ; gens qu'il doit traiter avec justice, mais sur lesquels il ne peut guère compter... Espérons seulement que leurs enfans seront plus sages et mieux avisés...

Quant à nous, cela même doit nous rallier plus fortement autour de ce trône qui est notre ouvrage, et nous avertir de ne pas continuer contre le gouvernement de 1830 cette opposition dévorante, bonne seulement contre ceux que l'on veut, non pas éclairer, mais détruire.

Dans une autre lettre, je vous parlerai du sort probable de la loi devant la Chambre des pairs.

Votre bien affectionné,

Paris, ce 19 octobre.

TROISIÈME LETTRE.

SORT PROBABLE DE LA LOI DE LA PAIRIE DEVANT LA CHAMBRE DES PAIRS.

Mon cher ancien Confrère,

A la fin, j'ai fait comme vous, j'ai pris des vacances; mais bien peu : huit jours, au lieu de deux mois! C'est toujours autant pour reposer les nerfs et rafraîchir les idées. Tout y gagne en vigueur, le corps et la pensée :

Otia corpus alunt, animus quoque augetur illis.

Du reste, je m'en aperçois, j'ai mal pris mon point de vue pour traiter la dernière question que je vous ai promis de discuter dans cette troisième lettre : celle *du sort probable de la loi devant la Chambre des pairs*. Ce n'est guère dans le lointain et dans l'isolement que de pareilles chances peuvent être bien calculées.

Cependant cette position solitaire aura aussi son avantage, en ce que, si je ne suis pas au courant des bruits de la ville, mon appréciation portera davantage sur le fond des choses et sur les raisons vitales qui me paraissent commander *l'adoption pure et simple du projet de loi.*

Il est d'abord une question de droit dont je veux que vous ayez le cœur net : c'est celle du *pouvoir constituant*. Vous paraissez hésiter sur ce point, à en juger par quelques expressions de votre dernière lettre, et j'en suis surpris. Seriez-vous donc entraîné dans la sphère d'idées de ceux qui veulent que le doute continue précisément pour que rien ne soit fini? Éloignez de vous, mon cher confrère, cette hésitation pernicieuse qui tendrait à tout remettre en question.

En août 1830, la Charte a été jurée, un gouvernement nouveau a été fondé. Cette création a été, non pas provisoire, mais définitive. La Charte pose en principe que la « puissance législative s'exerce » *collectivement* par le roi, la Chambre des pairs et » la Chambre des députés. » Elle admet donc, comme partie intégrante du nouveau gouvernement, une Chambre des pairs. Elle reconnaît même spécialement les pairs existans, puisqu'elle n'exclut que les pairs de Charles X, *dont tout le monde a consenti à se séparer*. Une seule question relativement à cette Chambre est réservée, c'est celle-ci : « L'art. 23 de la Charte » sera soumis à un nouvel examen dans la session de » 1831. » De même que, pour la Chambre des députés, les art. 32 et 34 renvoyaient aussi à la loi qui serait faite ultérieurement la détermination des conditions électorales et d'éligibilité. Et, soit dit en passant, c'est là le tort de toutes les constitutions : on n'y écrit que des généralités ou des abstractions, on ajourne le reste, on ne sent pas assez qu'elles ne peuvent vivre qu'à l'aide de lois organiques destinées à les faire marcher, et que pour celles-ci, des dispositions tout-à-fait contemporaines, et par conséquent identiques avec l'esprit de la révolution, vaudraient mieux, malgré les défectuosités inséparables de la précipitation, que des lois qu'on espère méditer davantage, mais qui, plus tard, se trouvent traversées et influencées par les partis qui ont eu le temps de se reconnaître et de se former, et par les passions qui s'agitent dans leur sein.

Quoi qu'il en soit, dans la dernière session, la Chambre des députés a fait, avec le roi et la Chambre des pairs, *la loi d'élection* qui a produit la Chambre actuelle des députés. Dans cette session-ci, le roi et les deux Chambres sont appelés à faire *la loi de la pairie* qui fixera définitivement l'organisation de la Chambre des pairs.

La prétention de faire décider la question de la pairie par la Chambre des députés toute seule, sans le concours des deux autres branches du pouvoir législatif, est inadmissible en fait et en droit.

En fait, rappelons le passé.

1°. Aucun des membres de la commission des dix-huit, qui a revisé la Charte de 1830, n'a émis la pensée que la session de 1831 reverrait *le pouvoir constituant.*

2°. La Chambre de 1830, en léguant à la session de 1831 un nouvel examen de l'art. 23, n'a pas eu en vue la convocation d'une *Assemblée constituante*, pas plus que celle d'une *Convention :* elle ignorait si elle ne serait pas appelée elle-même à vider ce délibéré; car rien n'était préjugé ni sur la durée possible de sa propre existence, ni sur sa dissolution, ni sur la convocation d'une Chambre nouvelle.

3°. La pairie, en adhérant à la résolution du 7 août et au *compromis* relatif à la révision de l'art. 23, n'a pas entendu s'exclure du droit de concourir au nouvel examen de l'article réservé.

4°. Le roi, en acceptant la Charte de 1830, telle qu'elle avait été amendée *par les deux Chambres*, n'a pas entendu que son droit demeurât précaire. En 1830, on a pu, on a dû lui dire : « Si vous n'acceptez pas ce » que nous vous proposons, *vous ne serez pas roi ;* » mais, en 1831, personne n'a le droit de lui dire : « Si » vous n'acceptez pas encore tel article que nous ve- » nons de changer sans vous, *vous cesserez d'être roi.* » Et cependant un pouvoir réellement constituant aurait le droit incontestable d'aller jusque-là.

Mais, *en droit*, il ne faut pas perdre de vue *le véritable caractère du gouvernement fondé en juillet.*

Ce n'est ni une restauration, ni une quasi-restauration. De la part du gouvernement, il serait absurde de le prétendre ; de la part de tous autres, il serait de mauvaise foi de le lui objecter. Quelle énorme différence, en effet ? 1°. La restauration a été imposée par l'étranger, et le mouvement de juillet fut entièrement national ; 2°. la Charte de 1814 fut *octroyée* par puissance absolue, avec l'arrière-pensée que le roi pourrait la retirer selon son bon plaisir, secrètement caché au fond de l'art. 14 ; au contraire, le gouvernement de juillet est un gouvernement librement *consenti* de part et d'autre.

Rappelez-vous en effet ce passage, qui n'a peut-être point été assez remarqué, du rapport officiel fait à la Chambre des députés, à la séance du soir du 6 août 1830, au nom de la commission des dix-huit chargée d'examiner la proposition Bérard.

« Cette proposition, y est-il dit, a pour objet d'as-

» seoir et de fonder un établissement *nouveau :* nou-
» veau quant à la personne appelée, et surtout quant
» au mode de vocation. Ici la loi constitutionnelle n'est
» pas un octroi du pouvoir qui croit se dessaisir : c'est
» tout le contraire ; c'est une nation en pleine posses-
» sion de ses droits qui dit, avec autant de dignité
» que d'indépendance, au noble prince auquel il s'a-
» git de déférer la couronne : *A ces conditions écrites*
» *dans la loi, voulez-vous régner sur nous ?* »

Aussi, l'un des premiers soins de la commission, en revisant la Charte, a été d'en retrancher le *préambule*, en expliquant, comme le dit encore le même rapport, que

« Ce préambule est supprimé, non comme une ré-
» daction qui ne serait qu'inutile, mais parce qu'il
» blesse la dignité nationale, en paraissant octroyer
» aux Français des droits qui leur appartiennent es-
» sentiellement. »

Le gouvernement né de juillet a, pour origine et pour base, la souveraineté nationale. C'est le peuple, en effet, qui a vaincu Charles X ; c'est le peuple qui l'a détrôné, évincé de son palais, poursuivi à Rambouillet, reconduit hors de France et embarqué à Cherbourg en lui disant un éternel adieu !..... C'est le peuple qui a élevé le nouveau trône sur le pavois de ses acclamations ! La Charte, cette fois, la Charte amendée selon le vœu public, est devenue un *pacte social*, un *véritable contrat*. Il suffit, pour établir clairement ce fait, de rappeler ici l'acceptation de Louis-Philippe. Elle est conçue en termes de droit tellement expressifs que celui qui en a rédigé la formule peut, à juste titre, se vanter d'avoir été *le notaire* de cet engagement solennel.

« Messieurs les pairs et messieurs les députés, j'ai lu » avec une grande attention la déclaration de la Cham» bre des députés et l'acte d'adhésion de la Chambre » des pairs. J'en ai *pesé et médité* toutes les expres» sions. J'ACCEPTE, *sans restriction ni réserve*, les » *clauses* et *engagemens* que renferme cette déclara» tion et le titre de roi des Français [1] qu'elle me con» fère, et je suis prêt à en jurer l'observation. »

Suit le serment : « En présence de Dieu, JE JURE » *d'observer fidèlement la Charte constitutionnelle*, » avec les modifications exprimées dans la déclaration; » de ne gouverner que par les lois et selon les lois; de » faire rendre bonne et exacte justice à chacun selon » son droit, et d'agir en toutes choses dans la seule » vue de l'intérêt, du bonheur et de la gloire du peuple » français. »

Ainsi le contrat a été formé. Une seule objection a été faite par ceux qui regrettaient amèrement que la révolution de juillet eût sitôt pris fin, et qui, aujourd'hui même encore, *voudraient de tout, excepté ce que nous avons ;* c'est qu'on n'avait pas, au préalable, consulté méthodiquement tous et chacun des individus composant le peuple français, pour savoir leur goût et prendre leur avis. Mais on a répondu, avec raison, que *ratification équivaut à mandat*, et vaut même mieux que mandat, puisque, survenant après coup, elle a lieu non en vue de ce qui se fera, mais

[1] C'est un retour à notre droit primitif : *Francorum rex.*

en pleine connaissance de ce qui a été fait. Je puis ici fortifier mon opinion par celle d'un illustre personnage qui, pour attacher plus de poids à sa déclaration, a pris lui-même le titre de *témoin assermenté.* A la séance de la Chambre des députés, du 6 octobre 1831, M. de Lafayette s'est exprimé en ces termes :

« La Commission nous a invités à dire notre opi- » nion sur la question de compétence. J'en parlerai » comme un *témoin assermenté* pourrait le faire dans » une cour de justice en vous rappelant les faits. Mais » auparavant, Messieurs, j'ai besoin de répondre à » une attaque qu'un respectable orateur, dont nous » avons été heureux de reconnaître la voix à cette » tribune, a faite dernièrement contre le dogme de » la souveraineté nationale, ce droit imprescriptible » des peuples, ce principe vital de notre existence » sociale; sa haute intelligence, préoccupée des idées » anglaises sur l'omnipotence parlementaire, je ne » dirai pas, comme lui, n'a pas pu, mais n'a pas » voulu comprendre le pouvoir constituant.

» Une longue habitude de plus d'un demi-siècle » m'a fort familiarisé à cette idée, et me l'a rendue » très-compréhensible.

» Je conviens, Messieurs, et je pense avec notre » honorable collègue, « qu'il n'y a de raisonnable que » la raison, qu'il n'y a de juste que la justice; » et » c'est pour cela que, dans l'école dont je fais partie, » on a cru devoir faire précéder les constitutions de » déclarations simples des droits des hommes et des » sociétés, de ces droits dont une nation entière ne » pourrait pas priver un seul citoyen.

» Mais en même temps on a cru qu'au lieu de s'en » rapporter, pour l'application de ces vérités, aux » constitutions qui sont des combinaisons secondaires; » au lieu de s'en rapporter, dis-je, à un seul individu, » fût-ce Platon, à une société même de philosophes, » il valait mieux s'en rapporter à des députés expres- » sément choisis pour faire ce qui deviendrait ensuite » la loi des pouvoirs constitués.

» Messieurs, je conviens que notre marche n'a pas » été aussi régulière; mais je suis loin de dire que » ce qui s'est passé ait été *le produit de la force*.

» Après nos glorieuses et fécondes journées de juil- » let, il ne restait *rien debout que la souveraineté* » *nationale* et le peuple vainqueur; c'est en leur nom » que la nation s'arma tout entière, nomma ses offi- » ciers, et qu'il fut signifié à la famille royale qu'elle » avait cessé de régner, même avant que la déchéance » fût régulièrement prononcée.

» C'est *en leur nom que les députés résidant à Pa-* » *ris*, vu l'*urgence* des circonstances, crurent devoir » se *saisir, pour l'utilité publique, du pouvoir consti-* » *tuant*, confirmèrent la déchéance, élevèrent un trône » populaire, et qu'ils appelèrent à ce trône, *malgré* » ses rapports de parenté avec la famille déchue, et » par un sentiment de confiance et d'estime person- » nelle, celui de nos concitoyens qu'ils avaient déjà » nommé lieutenant-général du royaume.

» Peut-être, Messieurs, aurait-on dû, à cette » époque, convoquer une assemblée *constituante;* » j'avouerai même que ce fut là *ma première pensée*.

» Mais la *nécessité* de réunir les esprits, une foule » de circonstances dont il est plus commode de juger

» après les événemens, les assurances que le peuple » vainqueur avait le droit et le devoir de demander, » et qu'il reçut franchement; tous ces motifs nous » rallièrent tous autour de l'ordre de choses qui a été » adopté.

» Et je dois ajouter que, *de toutes les parties de la » France* (personne plus que moi n'a été à portée » d'en juger), il nous arriva les témoignages *les plus » unanimes* et les plus satisfaisans *d'adhésion com- » plète* à ce que nous avions fait, au trône que nous » avions élevé et au monarque que nous avions choisi. » Cette adhésion fut une véritable sanction de l'opi- » nion de la presque totalité de la France. »

Ainsi, le contrat entre Louis-Philippe et la nation française a tous les caractères désirables pour la validité d'un tel engagement.

En cette occurrence, il s'est passé quelque chose de tout-à-fait semblable à ce qui arriva à la seconde race, lors de l'avénement de Hugues-Capet. Et à ce sujet, permettez-moi de satisfaire un peu mon goût pour *nos vieux auteurs français*, en vous citant un passage qui m'a paru offrir des rapprochemens fort curieux. Je le rapporte avec d'autant plus de plaisir que l'auteur était mon compatriote, député de sa province (aujourd'hui mon département) aux états d'Orléans et de Blois, et que sa connaissance des affaires publiques et de notre droit national ajoute un grand poids à l'autorité de ses paroles comme jurisconsulte et comme historien [1].

[1] G. C.. de Niv. *Discours des états de France* (au tome 1er., in-folio, de ses œuvres, page 277).

« ..... Les *Etats de France*, dit le *judicieux* » auteur, *attribuèrent* la couronne à Hugues Capet, » en déclarant CHARLES d'Austrasie, frère du dernier roi de la lignée de Charlemagne, être *indigne* de succéder à icelle couronne; qui fut un » jugement non de *déclaration* (d'un droit préexistant), comme celui de Philippe de Valois, mais » d'*adjudication* (c'est-à-dire d'attribution d'un » droit nouveau); car ledit Hugues Capet n'était pas » descendu de Charlemagne, ni des anciens rois... » Aucuns mauvais historiens et mauvais Français » disent que Hugues Capet était *usurpateur* de la » couronne, et disent mal par deux raisons. L'une » est parce que la couronne avait été *usurpée* par » Charles Martel pour la mettre sur la tête de Pepin, » son fils... L'autre raison est que les seigneurs de » France et le peuple français assemblés en Etats, » se représentèrent que ledit CHARLES d'Austrasie, » frère du dernier roi, avait toujours été *mauvais* » *Français* et que lui et ses prédécesseurs avaient, » par plusieurs moyens, essayé de rendre ce royaume » *sujet à l'empire* des Allemamds, et en avaient démembré une bonne partie pour l'attribuer à l'empire;... même ce qui est au delà les rivières de » l'Escaut, Meuse, Saône et Rhône. Aussi que, *par* » *faute de bon gouvernement*, ce royaume avait reçu » infinité d'afflictions et oppressions tant par les Danois, dits Normands, que par autres nations [1], et » *semblait être expédient, voire nécessaire que cette* » *monarchie changeât de gouverneur*... »

[1] Mettez à la place les *Cosaques* et les *alliés*.

C'est ainsi, mon cher confrère, que les dynasties changent et que les gouvernemens tombent, quand ils cessent de remplir leur destination et qu'ils se séparent des intérêts nationaux qu'ils sont institués pour défendre et pour protéger.

Mais, après avoir expliqué dans ses élémens la formation du contrat entre le Roi et la nation, il faut reconnaître que ce contrat, tout volontaire dans son principe, est ensuite devenu rigoureusement obligatoire de part et d'autre. La raison, les principes, la conscience, tout nous dit que la Charte de 1830, réciproquement jurée et acceptée, doit être une *vérité*, non pas seulement pour le Roi, mais aussi pour la nation.

Sous l'empire de cette Charte, de même qu'il ne serait pas permis au Roi d'y chercher un *pouvoir dictatorial* qu'elle ne comporte en aucun cas, il n'est donc pas non plus permis à la Chambre des députés d'y voir à son profit *un pouvoir constituant* qui ne lui a été ni réservé, ni conféré.

En effet, 1°. les électeurs qui ont procédé à l'élection de la Chambre actuelle des députés ne l'ont fait qu'en prêtant le serment de fidélité au Roi et *d'obéissance à la Charte;* ils ont donc élu une Chambre des députés *selon la Charte*, et non pas une assemblée *constituante à priori*.

2°. Les députés eux-mêmes, en recevant ce mandat et en prêtant *le même* serment, n'ont pas eu la pensée de le violer et de s'en affranchir, en s'attribuant, de leur chef, un pouvoir exorbitant et inconstitutionnel.

3°. A l'ouverture de cette session, le discours du

trône a été conforme à cette interprétation; et la réponse de la Chambre ne l'a point contredite.

4°. La Chambre a admis sans réclamation l'initiative exercée par la couronne dans la présentation du projet de loi.

5°. La commission qui a fait le rapport de cette loi, a répudié formellement toute prétention au pouvoir constituant; elle a appelé la Chambre à discuter la proposition royale en la forme ordinaire, et la Chambre y a adhéré.

6°. Après la loi votée, ou même en la votant, un membre a parlé de pouvoir constituant; mais un autre membre a soudainement reparti : *Monsieur, c'est là votre opinion personnelle, et non celle de la chambre;* et, de fait, la chambre a *adopté* et non *dicté* la loi. Qu'importe donc aujourd'hui de tardives récriminations? de tout temps les faits l'ont emporté contre les protestations; l'adage en est vulgaire : *Contra actum protestatio non valet.*

Voilà donc, je crois, une proposition solidement établie, et sur laquelle il n'y a plus à revenir.

Mais, direz-vous, qu'arriverait-il si la chambre des pairs refusait? Mais que serait-il arrivé si la Chambre des députés elle-même avait refusé? il en résulterait qu'il n'y aurait pas *loi*, puisqu'il n'y aurait pas ce concours de volonté nécessaire pour qu'il y ait *loi*. Vous verrez plus tard que cet échec ne serait pas irréparable, que l'ordre constitutionnel n'en souffrirait pas, et qu'il y aurait des moyens légaux, des moyens autres qu'un coup d'État, pour arriver à l'accord des trois pouvoirs.

Mais je veux répondre d'abord à une autre objection. On a parlé de retraite de la part des pairs, de démissions concertées, et qui feraient en quelque sorte disparaître la pairie. Je n'en crois rien : et à certain propos que j'entendis à ce sujet, « *que rien » au monde ne retiendrai ni M. le duc de F.-J., » ni M. le marquis de B...., et qu'ils donneraient » certainement leur démission.... des hommes comme » cela !.....* » je me contentai de répondre : *Bah!* « *sérieusement! est-ce que M. le marquis ferait des » façons depuis qu'il ne fait plus de cérémonies?...* » et l'on se contenta d'en sourire avec moi.

Au surplus, peu importerait la retraite de quelques obstinés qui, au lieu d'entrer franchement dans le nouveau régime ; préféreraient se retirer et aller faire de la pairie légitime à domicile, comme Charles X fait de la royauté à Holy-Rood. Soit, dira-t-on ; mais que feriez-vous en cas d'une retraite en masse? Pour le coup, j'y crois bien moins encore : il y a trop de raison, d'expérience et de réflexion chez la plus grande partie des pairs pour supposer une telle résolution ; trop de divergence d'opinions entre eux pour admettre un tel concert ; trop de connaissance du Code pénal, pour comporter une *coalition* que l'article 126 de ce Code met au rang des *crimes contre la Charte constitutionnelle*, qu'il qualifie *de forfaiture* et punit de la *dégradation civique*.

Y pensez-vous d'ailleurs ? Une retraite !..... une renonciation absolue à toute existence politique ! à tous traitemens ! à toutes pensions ! Cela n'est pas possible, mon cher confrère. Le rat de Lafontaine se retirait du monde en se logeant dans un fromage de Hollande où il pouvait ronger commodément !..... Mais ici ce serait quitter la partie pour la perdre sans aucune compensation.

Ne raisonnons donc point sur des hypothèses aussi invraisemblables, et dont on peut dire *alors comme alors*, si par impossible elle venaient à se réaliser : voyons ce qui est plus probable.

Un journal, qui a déjà trois jours de date, m'annonce une grande promotion de pairs ! une cinquantaine à la fois ! la réintégration en masse des pairs des cent jours jusqu'ici restés à l'écart ! J'admets la nouvelle comme vraie : vous voyez donc que rien n'est perdu ; que la constitution porte en soi des moyens de se défendre des atteintes qu'on voudrait lui porter ; qu'en un mot on peut vaincre un mauvais vouloir, un travers de la pairie, et c'est une grande raison pour que je n'en sois pas inquiet. Mais de tels remèdes sont violens ; ils ne doivent être employés qu'à la dernière extrémité et je ne puis croire qu'on veuille débuter par là.

La nouvelle me semble d'abord fausse en un point : je ne puis croire à ce projet d'un appel en masse de ce qui peut rester de la pairie des cent jours. Et à quel titre donc ? Parmi ces messieurs, sans doute, il y en a de fort dignes de la pairie ; mais, en masse, ils n'ont aucun droit. Admettre une telle promotion, ce serait, comme on l'a dit dans une autre occasion, faire non pas de la révolution de 1830, mais faire de l'empire et de la *restauration impériale*, et telle n'est pas la mission du gouvernement de juillet. Ne voyez-vous pas d'ailleurs le danger de ramener ainsi des masses d'hommes politiques par *catégories ;* de les grouper dans un même intérêt, et de créer imprudemment des solidarités qui, en se combinant à d'autres élémens, peuvent, plus tard et dans un cas donné, préparer des résistances inattendues?

Mais pourquoi des pairs, tant de pairs, et si vite surtout? Veuillez en peser avec moi les inconvéniens.

1°. Débuter par une création de pairs, c'est accuser la pairie actuelle : c'est proclamer que, telle qu'elle est, sa majorité n'est pas d'accord avec le roi et la Chambre des députés, et qu'elle ne veut pas le repos du pays.

2°. A la défaveur qu'on fait ainsi planer sur elle, on associe les pairs qu'on se propose d'affilier à l'institution; car ils devront d'avance y entrer avec une opinion faite, une parole donnée, et un certain fonds d'obséquiosité qui est de rigueur dans une promotion de cette nature.

3°. Et puis quels seront ces pairs?.... Pris en dehors de la Chambre des députés, et par conséquent, à quelques exceptions près, pris en dehors du mouvement qui a mis en avant, par la voie de l'élection populaire, presque tous les hommes qui ont le mieux mérité de la révolution de juillet..... Sans doute, en aucun cas, on ne devra trop dégarnir la Chambre populaire; sa force unie à la sagesse importe trop à l'État; et, pour quelques députés, ce sera une marque de dévouement à la couronne, de préférer les agitations de l'océan électoral au calme plat de la pairie viagère; mais il y a un milieu entre dépeupler la Chambre des députés et n'y rien prendre.

4°. Cette promotion, en quelque sorte provisoire, resserre pour l'avenir l'exercice de la prérogative, laisse au gouvernement moins de moyens de satisfaire aux exigences qui ne tarderont pas à se manifester, et à des ambitions qu'il importe plus d'entretenir que de décourager.....

5°. Doutez-vous que toutes ces ambitions, plus ou moins inquiètes et alarmées, ne se coalisent de fait sans même avoir besoin de se donner le mot, et que chacun ne répète avec affectation que ces pairs ont été nommés, en apparence pour faire passer la loi nouvelle, mais réellement en vue de l'éluder au profit de personnages que les catégories de cette loi ne comportent pas, que l'élection a dédaignés, et pour faire encore une dernière fois quelques *variétés* de pairs, aux titres surannés de *ducs*, de *vicomtes* et de *marquis*, des *seigneuries* enfin?

Je n'épuise pas les considérations; mais plus je m'interroge, et moins je puis croire qu'on veuille agir avec la pairie comme la Hollande avec la Belgique, et débuter par une inondation!

Au contraire, je crois fermement qu'il y a chance pour que la pairie telle qu'elle est, et sans adjonction préalable, adopte la loi. Que le ministère aborde la Chambre des pairs avec cette fermeté dont il a déjà fait preuve, et qu'il lui dise en termes équivalens à ceux que je vais employer :

« Pairs de France, la Charte a légué à la session » de 1831 la révision de son art. 23. C'est sous l'em- » pire de cette réserve, et avec la prévision que ce » nouvel examen aurait lieu en 1831, que les élections » ont eu lieu en vertu d'une loi que vous avez aussi » concouru à voter. Ainsi les députés ont été élus avec » la préoccupation de cette grande pensée. Fidèle à » ses engagemens, le gouvernement du roi a pris l'i-

» nitiative de la proposition; écho de l'opinion qu'il » a considérée comme la plus générale, il n'a pas cru » devoir conserver *l'hérédité de la pairie;* mais, en » proposant de l'abolir, il a accompagné cette propo- » sition de tous les ménagemens propres à laisser les » opinions librement se produire..... Le résultat a été » qu'une majorité immense, une majorité de 386 voix » contre 49, c'est-à-dire des sept huitièmes, s'est pro- » noncée contre l'hérédité. Le gouvernement du roi » a facilement reconnu dans cette majorité des repré- » sentans du pays l'expression de la véritable opinion » de la France; il la partage et vient vous demander » votre adhésion. Pairs de France, cette loi est atten- » due avec impatience; elle tient les esprits en sus- » pens, parce qu'elle laisse la constitution imparfaite » et l'avenir indécis. Achevez ce que nous avons com- » mencé. Vous rendrez au gouvernement cette justice, » qu'il a tout fait pour fonder l'ordre public en même » temps que la liberté. Que cette paix dont nous com- » mençons à jouir ne soit plus troublée; n'allez pas » rallumer imprudemment des dissensions heureuse- » ment calmées, mais qu'un refus réfléchi pourrait » aisément faire renaître avec plus de violence. Dans » cette circonstance solennelle, nous faisons une ap- » pel à votre patriotisme et à votre fidélité. C'est » sur vous désormais que pèse toute la responsabi- » lité..... »

Que le gouvernement le veuille avec énergie, et la loi passera : toutes les considérations politiques se réuniront pour rallier une majorité dans ce sens

1°. *L'intérêt du pays le commande*, et cette première considération fonde ma principale espérance. Je veux bien, en effet, partageant les préventions populaires, supposer que quelques pairs regrettent vivement Charles X et sa dynastie, qu'ils ont vu avec peine la révolution de juillet, et que parmi eux se trouvent quelques hommes habitués à cacher leurs drapeaux..... Mais à côté d'eux je vois bon nombre d'hommes sur lesquels la patrie peut compter, d'illustres généraux qui l'ont défendue au prix de leur sang, des administrateurs, des magistrats, des hommes politiques qui ont travaillé à élever l'édifice de nos lois et de nos institutions, et qui, malgré les funestes variations auxquelles les événemens ont condamné la plupart d'entre eux, ont toujours su, *dans les occasions décisives*, prendre habilement leur parti.....

2°. *L'intérêt de la pairie le réclame.* Violemment attaquée par tous les partis, elle doit éprouver le besoin de se rasseoir et de se réhabiliter; et, pour cela, se faire un mérite personnel d'une adhésion libre et volontaire, plutôt que d'aller chercher une excuse frivole et impuissante dans l'adjonction de quelques forains, pour se ménager le chétif plaisir de dire après la loi faite: *Ce n'est pas nous qui avons renoncé de bonne grâce à l'hérédité; mais on a amené du renfort, on nous a forcé la main.*

3°. *L'impossibilité de motiver raisonnablement la résistance.* Les objections ne peuvent porter que sur trois points: l'hérédité, — les catégories, — la suppression du droit de révision pour l'avenir.

Or, pour l'hérédité, vous avez pu voir dans mes précédentes lettres si elle est encore défendable aujourd'hui. J'ajoute qu'elle serait surtout insoutenable devant la Chambre des pairs ; ailleurs, en effet, on a pu dire : « Laissez l'hérédité, car sans elle les pairs » ne seront jamais indépendans ; ils seront serviles, » obséquieux envers la cour, uniquement occupés de » pourvoir leurs enfans, etc., etc. » Mais ce motif, allégué tout haut devant la pairie, serait une injure pour elle ; dissimulé, il ne resterait plus qu'un soupçon d'égoïsme et d'intérêt personnel.

Les catégories ! On prendrait pour couleur que c'est une limitation du pouvoir royal. Mais ce serait affecter trop de zèle pour la prérogative. Elle ne se plaint pas des catégories. Si elles gênent la couronne, en ce sens qu'elles l'empêchent de prendre des pairs partout, elles la fortifient aussi en ce qu'elles l'obligent à choisir ; elles la défendent contre d'indignes sollicitations ; élever les choix, les épurer, les empêcher de descendre trop bas, est-ce bien là les restreindre, surtout avec la latitude, on peut dire extrême, que laissent les catégories ?

Le provisoire ! Pourquoi y rentrer quand il s'agit d'en sortir ? Revenir à l'hérédité dans trois ans ! cela est-il convenable ? en aucune manière. Car, de deux choses l'une, ou d'ici là la pairie remplira l'attente publique, et dans ce cas nul motif d'y rien changer ; ou, au contraire, elle aurait produit tous les effets que ses adversaires affectent d'en redouter, et alors on serait, moins que jamais, disposé à gratifier de l'hérédité un personnel qui aurait démérité. Ne suffit-il donc pas que les catégories soient sujettes à révision ?.....

4°. *Les conséquences d'un refus*. Que la pairie y songe sérieusement ; il en résulterait une grande irritation contre elle, irritation dont les suites, je me plais à l'espérer, ne ressembleraient pas aux scènes affligeantes de Bristol : tant de férocité n'entre pas dans le caractère français ; mais une indignation réelle, celle de tous les gens de bien, qui verraient avec douleur et désespoir que l'abîme serait rouvert par un corps dont la principale destination est de le fermer ; et qu'après tant d'efforts pour sauver la pairie, c'est d'elle cependant que viendrait une nouvelle source d'embarras et de difficultés. Qu'elle se rappelle, en effet, par quelles discussions il a fallu passer pour arriver jusqu'ici ; pour éviter le *pouvoir constituant*, *l'élection directe* des pairs, leur *candidature élective* qui eût été plus funeste encore ! Eh quoi ! à la veille d'en finir, tout serait remis en question ! Non, je ne puis le croire, il n'y a que de mauvais citoyens qui pourraient le désirer.

Espérons mieux du patriotisme de MM. les pairs, de l'égoïsme même de quelques-uns d'entre eux, car l'égoïsme a surtout l'intelligence de son intérêt ; et fions-nous à l'influence qu'exercera naturellement sur la pairie une opinion publique hautement déclarée, que la presse exalte, et qui se manisfeste surtout par l'heureux accord des députés de la France avec le gouvernement.

Il ne reste plus qu'une objection qu'on pourrait faire, en disant : « Mais si la majorité est incertaine, » s'il ne faut qu'une *dizaine* de pairs pour la fixer, » ne vaut-il pas mieux s'assurer tout de suite par une » faible promotion cette majorité, que de s'exposer » aux conséquences du rejet de la loi, et à l'obligation » de l'ajourner à une autre session, conformément à

» l'article 17 de la Charte ? ou même de regarder la » question comme terminée, car enfin il y aura eu » un nouvel examen en 1831, et c'est tout ce que la » Charte a voulu, car elle n'a pas dit que le résultat » de cet examen serait nécessairement de *changer l'ar- » ticle ?* » Je prends littéralement cette argumentation dans une lettre que je reçois de Paris il n'y a qu'un instant.

L'objection est compliquée, mais je n'éprouve aucun embarras pour y répondre. Et, d'abord, la question est la même pour dix pairs que pour quarante; et l'effet de cette conscription, quelque modique qu'elle soit, restera le même sur l'opinion. Il y a mieux : c'est que si l'on est si près d'avoir la majorité, il devient bien plus facile de se la concilier sans adjonction, que s'il s'agissait de ramener un trop grand nombre de voix.

J'aimerais mieux pour le gouvernement courir la chance de l'événement; car si la loi ne passait pas, une promotion devenant alors évidemment nécessaire, aucune des objections que l'on peut faire aujourd'hui contre son opportunité, n'existerait plus.

On craint qu'un retour à la Chambre des députés, pendant la même session, ne se trouvât interdit par l'art. 17 de la Charte. Mais cet art. 17 est pour les cas ordinaires, et l'art. 68 est pour un cas spécial : il prescrit impérieusement que le nouvel examen de l'art. 23 ait lieu *pendant la session de* 1831; il exclut donc le renvoi à une autre session.

On insiste, et l'on dit que l'obligation *d'examiner de nouveau* n'emporte pas avec soi *la nécessité d'un changement*. Or, ajoute-t-on, le refus de la Chambre des pairs fait bien qu'il n'y aura rien de changé ; mais il n'en est pas moins vrai qu'on aura soumis l'art. 23 à un *nouvel examen*, et c'est tout ce que la Charte a voulu. En vérité, c'est raisonner avec trop de subtilité. Ainsi, la Chambre des pairs, en consentant à la révision de l'art. 23, aurait eu cette *restriction mentale*, qu'elle empêcherait bien qu'en examinant de nouveau cet article on n'y pût rien changer, par son refus obstiné d'y consentir ! Sans doute j'admets bien, et j'ai commencé par le déclarer, que l'adhésion de la pairie est nécessaire, comme partie intégrante de la puissance législative, pour changer l'art. 23 ; mais je dis que le nouvel examen, réservé par l'art. 68, ne peut être censé fait qu'après une *déclaration unanime des trois pouvoirs*. Ainsi, assurément si les trois pouvoirs s'accordaient à penser que l'art. 23 ne doit pas éprouver de modification, ils en seraient les maîtres, et c'est en ce sens qu'il est vrai de dire que l'obligation *d'examiner de nouveau* n'emporte pas avec soi *l'obligation de changer*. Mais il faut qu'il y ait accord des trois pouvoirs dans un sens quelconque, pour que la question soit *décidée ;* sans cela, elle reste *question*. Or, il faut que cette question soit résolue ; il faut qu'elle le soit en 1831.

Il serait donc toujours temps de revenir pendant cette session devant la Chambre des députés, et, à l'aide d'une promotion de pairs proportionnée au nombre des récalcitrans, il deviendrait facile de réconcilier une majorité *au vœu persévérant du gouvernement et de la Chambre des députés*.

Tout cela, mon cher confrère, m'affermit dans l'idée qu'il vaut mieux aborder franchement la pairie actuelle, telle qu'elle est, le projet de loi à la main, faire un appel loyal et ferme aux sentimens généreux qu'elle renferme dans son sein, et réclamer solennellement son adhésion. La loi passera, il faut qu'elle passe.

Votre bien affectionné,

A Raffigny en Morvan, le 27 octobre 1831.

Ces trois lettres remarquables furent publiées, comme on le voit par les dates, postérieurement aux débats sur la loi de la pairie. M. Dupin n'ayant pas été entendu dans la discussion générale, dont la clôture fut prononcée avant l'arrivée de son tour d'inscription, crut devoir remplir la lacune de son silence par cette utile publication qui fut faite dans les numéros des 18, 20 octobre et 16 novembre de la *Gazette des Tribunaux*.

Dans le cours des débats devant la Chambre des députés, M. Dupin prit plusieurs fois la parole. Pour que rien ne manque à notre recueil, nous reproduisons ici les deux improvisations les plus importantes. Elles furent louées, admirées quand elles venaient de tomber de la bouche puissante de l'orateur, elles le seront encore aujourd'hui : « Ce qui est vrai et bien ne passe jamais. » La première décida du sort de l'amendement *Mérilhou* et consorts, relatif à l'élection des candidats par arrondissement, il fut rejeté. La deuxième fit écarter la *catégorie* des archevêques et des évêques, présentée par M. de Mesnard.

CHAMBRE DES DÉPUTÉS.

Séance du 13 octobre 1831.

Discussion de la loi sur la pairie, contre l'amendement de M. Mérilhou, relatif à l'élection de candidats par arrondissement.

(Constitutionnel du 14.)

M. Dupin aîné : Au point où la discussion est parvenue, vous éprouvez le besoin de voir considérer l'amendement de plus près, et je l'attaque par un argument principal qui me semble entraîner son rejet.

Quand la Chambre a supprimé l'hérédité de la pairie, elle a voulu supprimer un privilége qui lui semblait présenter des dangers, ou du moins dont les avantages à venir qu'on s'en promettait ne pouvaient pas compenser suffisamment les inconvéniens imminens et immédiats de l'hérédité. Si la Chambre s'est montrée sévère contre un privilége, et a maintenu la pensée fondamentale et invariable de la révolution de juillet, c'est qu'elle a compris que l'opinion en France peut varier quelquefois, mais que la pensée vitale qui a traversé tous les régimes sans altération, et qui s'est toujours reproduite, c'est une antipathie profonde pour une aristocratie qui se présente appuyée sur des privilèges nobiliaires et des formes privilégiées. (*Une foule de voix :* Oui, oui ! très-bien !)

Mais en même temps la Chambre est restée ferme dans cette pensée que la monarchie est nécessaire à la France, que la royauté ne doit pas être un vain simulacre, que la grandeur et la prospérité du pays y sont attachées, parce que cette royauté veille non-seulement à la défense du pays au dehors, mais aussi à la liberté civile au dedans. Aussi la Chambre ne voudra pas dépouiller la royauté d'une de ses plus importantes prérogatives, essentielle à la marche des rouages du gouvernement représentatif; elle ne voudra pas que cette machine puisse être paralysée tout à coup; elle ne voudra pas d'un système de candidature qui ne permettrait pas à la constitution de marcher, et qui lui préparerait des embarras qu'elle ne pourrait pas surmonter.

Quand on a présenté l'élection directe, la Chambre l'a écartée parce qu'elle détruisait évidemment la prérogative royale; les dangers se montraient trop à découvert, la Chambre n'a pas voulu les encourir; mais si la candidature offre d'abord moins de dangers, quand on la considère bien elle n'en présente guère moins.

D'autres orateurs (MM. Odillon-Barrot, Lafayette), appartenant à l'opposition, ont dit au contraire que c'était dans l'intérêt du pouvoir royal qu'ils voulaient l'élection. Ils se retranchaient dans une candidature non comme meilleure, mais comme se rapprochant davantage de *leur pairie,* et comme ayant plus de chances pour réussir. Ces orateurs se sont placés sur ce terrain qu'ils défendaient véritablement l'autorité royale, qu'ils ajoutaient à sa force en allant, disaient-ils, puiser au sein de la nation un pouvoir qu'ils mettaient ensuite à la disposition du gouvernement, comme s'il s'agissait d'une conscription d'opinions levée au loin et amenée ensuite au service du gouvernement.

Je ne doute pas, pour ma part, que ces orateurs n'aient opiné dans l'intérêt du trône. Je m'empresse de rendre hommage à leurs intentions; mais je conteste le fait. Ce ne sont pas les mots qui font les choses; il faut plus que cela pour fonder une institution. Ce n'est pas ce mot *pairie*, inscrit sur les murs du palais du Luxembourg, qui fera la pairie, pas plus que le mot *royauté*, inscrit sur le frontispice des Tuileries, ne fera le roi et la royauté. Il faudra pour la pairie, comme il faut pour la royauté, un pouvoir réel, fort, assuré, basé sur des réalités.

J'admire, en vérité, la sollicitude d'une chambre populaire, qui veut absolument avoir une rivale, qui ne se croit pas suffisante pour défendre les intérêts populaires, qui veut une sœur cadette placée à côté d'elle, issue des mêmes parens, pour veiller avec elle à la défense des intérêts communs. (On rit.) N'y mettez pas trop d'égoïsme, mais n'y mettez pas non plus trop de désintéressement : la véritable représentation se trouve dans une seule chambre; cette représentation suffit, deux deviendraient inutiles. Or, comme des forces égales se paralyseraient, cherchez une autre Chambre non aristocratique, non privilégiée, où siégent différentes capacités, non celles seulement du mérite personnel sur lequel il est trop facile à chacun de s'abuser ; mais de ces capacités réelles tarifées plus exactement par le rôle des contributions, de celles qui ressortent de la propriété, des services rendus, de l'expérience acquise.

Vous cherchez un contre-poids, non une Chambre aristocratique, mais une assemblée qui examine avec sagesse, avec maturité, les lois que vous lui renvoyez, ou qui vous en envoie elle-même après les avoir élaborées. Ce contre-poids que vous cherchez ne peut être identique, il lui faut d'autres nuances, un autre point de vue. Il faut que ce pouvoir soit un remède vivant contre cette fièvre d'améliorations, ce débordement d'utopies qui s'empare de trop d'hommes de talent à leur début dans la carrière politique. Vous cherchez un remède contre cette *furie française* si admirable dans les combats, mais souvent si dangereuse dans les délibérations. Eh bien! examinons quels pourront être les résultats de l'amendement proposé.

Remarquons d'abord que cet amendement, quoique réfléchi par neuf membres (on rit), offre une palpable contradiction. Le deuxième paragraphe porte que les pairs sont choisis sur une liste de candidats; un autre paragraphe dit que chaque collége électoral nomme un candidat, ce qui donnera en tout 459 candidats, et pourtant le nombre des pairs demeure illimité; pourquoi l'amendement conserve-t-il cette illimitation du nombre? parce que la discussion a appris que sans cette faculté de toujours nommer de nouveaux pairs, quand on serait arrivé à la limite infranchissable, il n'y aurait pas moyen de surmonter la résistance des pairs. Il faut donc que le nombre des pairs soit illimité, pour que la pairie n'ait pas l'espérance d'imposer la loi, sachant que l'on aura toujours le moyen de vaincre son mauvais vouloir.

M. Mérilhou : Si vous lisiez l'art. 3, vous verriez qu'il n'en est pas ainsi.

M. Dupin : Y a-t-il le mot *illimité ?*

M. Mérilhou : Oui.

M. Dupin : Eh bien ! ce mot suffit. Ma proposition est celle-ci : Je dis que dans l'amendement qui vous est proposé, s'il y a dissidence de la Chambre des pairs avec la couronne ou la Chambre des députés, *il y a impossibilité de ramener la Chambre des pairs à l'accord des autres pouvoirs*. La dissolution même de la Chambre des députés offrirait un moyen qui ne surmonterait pas toujours la résistance de la Chambre des pairs.

En effet, que cherche-t-on dans le cas de dissidence dont j'ai parlé? Une opinion analogue à celle que l'on veut faire prévaloir. Ainsi, je suppose que le Roi et la Chambre des députés veuillent une amélioration ; je suppose qu'ils veuillent fonder, par exemple, le système municipal, et que la Chambre des pairs se refuse à ce système parce qu'elle le trouvera trop libéral, parce qu'elle croira que le gouvernement se dessaisit de trop d'attributions : elle donnera une raison quelconque, mais enfin elle s'opposera à ce système.

Cependant la Chambre des députés est persuadée qu'il est indispensable et qu'il répond aux vœux du pays. Que faire dans ce cas pour obliger la Chambre des pairs à l'accepter? Il faut nommer de nouveaux pairs en nombre suffisant pour que force demeure à la constitution.

Où ira-t-on en chercher ? C'est sans doute dans les opinions analogues à celles du moment ; il faut, dans la vue de vaincre la majorité qui s'est déjà prononcée négativement contre cette opinion, chercher des organes de cette même opinion, de cette opinion qui est celle du moment.

Dans une nation aussi nombreuse et aussi éclairée que la nôtre, il y a dans toutes les opinions des capacités qui sont à même de les représenter ; la couronne saura les trouver et leur donner la mission de les faire triompher à la Chambre des pairs, si on ne gêne pas son choix. Mais, si elle est obligée de choisir ceux qu'elle doit nommer pour cet effet, dans une liste toute faite, comment pourra-t-elle y trouver tous ceux qui sont le plus propres à remplir ce but lorsque cette liste aura été faite depuis plusieurs années, et sous l'influence d'opinions qui peuvent fort bien n'être point du tout celles qu'il s'agit actuellement de faire représenter pour triompher à la Chambre des pairs ?

Attendez ! Que sera-ce si par une imprudence funeste ces candidats ont reçu de leurs commettans un mandat exprès ? si, pour arriver à la candidature de la Chambre des pairs, ces hommes se sont obligés par acte sous seing privé (et je suppose que l'on n'imaginera pas plus tard une forme d'engagement plus solennelle), s'ils se sont engagés à voter de telle ou telle façon, comment sortira-t-on de cet embarras ? (On rit aux éclats.)

Les Chambres entreront dans une collision dont il

sera impossible de sórtir ; car la couronne n'aura plus qu'à dire à la nation : J'ai voulu proposer une loi utile, la Chambre des députés l'a acceptée. La Chambre des pairs résiste. J'ai cherché un moyen à l'aide duquel on pût amalgamer les opinions de ces deux corps, et je ne l'ai pas trouvé. Le bien du pays est impossible. (Sensation prolongée.)

Mais si la Chambre des députés persistait et refusait un budget, vous verriez le gouvernement arrêté et dans l'impossibilité de marcher. Attendez... (On rit.) Je suppose, au contraire, que les deux Chambres sont d'accord. La couronne est toute seule; la couronne cependant a la conscience de vouloir le bien du pays : elle n'est pas effrayée par ce qu'on appelait autrefois des concessions (cela ne s'appelle plus ainsi); elle veut une amélioration progressive, elle la croit utile, elle en a la conviction.

Le ministère composé d'hommes courageux, énergiques, qui croient qu'ils ont l'assentiment du pays, mais qui ont éprouvé le refus de la Chambre des députés et le refus de la Chambre des pairs, le ministère croit cependant qu'il n'y a pas lieu à une nomination actuelle de pairs par le Roi; en effet ce gouvernement est admirable si vous ne le faussez pas; mais il devient absurde si vous le faussez, c'est-à-dire si vous détruisez les moyens d'action et de réaction des trois pouvoirs entre eux ; car chacund'eux a une action qu'il imprime ou qu'il subit tour à tour.

La couronne dira : la Chambre des députés se trompe comme la Chambre des pairs. Je veux savoir si le pays croit que la couronnne a tort. Le moyen de savoir si, au jugement du pays, la Chambre des députés s'est trompée, c'est de la dissoudre; car, ne vous y trompez pas, la popularité de la Chambre élective n'est pas toujours permanente, et la popularité d'une chambre héréditaire n'est pas impossible. (Rire général.) Il y en a de nombreux exemples. (On rit plus fort.)

On a vu des variations très-promptes, très-subites. Le peuple exprime son vœu, mais comme un vrai despote, il fait des reproches à ceux qui ont eu le tort de lui avoir obéi; il se comporte en cela comme les enfans gâtés; il ne pardonne pas les fautes qu'il a fait commettre; il dit à ses mandataires : Vous étiez plus habiles que moi, pourquoi m'avez-vous cédé? (Hilarité générale.)

Quoi qu'il en soit, je suppose le pays le plus éclairé; la dissolution de la Chambre des députés a lieu, et les nouveaux choix montrent que le pays approuve la marche suivie par la couronne. Une nouvelle Chambre est nommée, et les députés qui arrivent sont d'accord avec le gouvernement parce qu'ils expriment le vœu actuel du pays. Mais comment la couronne agira-t-elle vis-à-vis de la Chambre des pairs, si la Chambre des pairs ne s'est pas éclairée?

On ne peut dissoudre la Chambre des pairs; seulement on peut en changer la minorité en majorité par un certain nombre de nominations nouvelles. Mais pour compléter cette chambre des pairs, il faudra que la couronne aille chercher dans l'antique candidature où il y aura beaucoup de vieilleries; car il y aura des candidats de trois, quatre et cinq ans, de toutes les époques, de toutes les parties de la France. Les anciens candidats ne cadreront plus avec l'opinion du moment, et ils se trouveront du même avis que les anciens pairs auxquels on les aura adjoints.

Voilà la pierre de touche de l'amendement qui vous est présenté; c'est l'impossibilité de changer la majorité dans la Chambre des pairs. Le gouvernement, d'une part, ne pourra dissoudre la Chambre des pairs; et de l'autre il ne pourra la ramener à l'opinion du jour, par l'obligation de subir la loi d'une infusion de nouveaux pairs qui changeraient la minorité en majorité, et qui ramèneraient l'autre Chambre au vœu national exprimé par la couronne et par le renouvellement de la Chambre des députés. Vous voyez quelle serait la situation de la France avec cette candidature éventuelle, avec cette canditure que je puis appeler de *garde-meuble*. (Rire prolongé.)

Ainsi, le trône serait esclave; il serait lié de mille manières. Ne vous faites pas illusion : que peut un homme seul? Supposez-lui toutes les raisons de compter sur la constance des affections du pays; qu'il soit, comme Louis-Philippe, dans la maturité de l'âge, éprouvé par l'expérience, identifié avec sa nation dans la guerre comme dans la paix; supposez un roi tel que nous l'avons, puissamment intéressé à notre prospérité; supposez-le placé à la tête d'un gouvernement dont la chute serait pour vous la ruine, mais pour lui la mort, la destruction de sa famille : supposez tout cela, et néanmoins que pourra-t-il seul? Absolument rien, s'il n'est pas protégé, soutenu par les institutions.

Sans ces soutiens, vous aurez un roi impuissant pour le bien, et à qui pourtant tout le mal sera imputé ; vous ne pourrez pas empêcher les plaintes de s'élever de toutes parts ; car la douleur est injuste, et les masses que l'on travaille par tant de moyens croiront tout ce qu'on voudra leur dire contre le chef de l'État. Ces masses ignorantes sont toujours dans la main de qui les flatte ou qui les trompe, et voilà pourquoi chaque parti les appelle à soi pour en disposer.

Ici, Messieurs, je vous adjure de considérer un fait. Si nous avons bien fait de nous soustraire au despotisme, prenons garde de retomber dans une faiblesse qui nous préparerait de nouveaux malheurs. Et ici je ne veux pas évoquer de sombres tableaux ; je ne veux pas vous repaître d'événemens historiques ; je prends une objection que vous a présentée un précédent orateur, et je ne crains pas que mes paroles lui offrent matière à réponse pour un fait personnel, car je ne m'attaque qu'à son opinion, et non pas au talent avec lequel il l'a développée.

Il vous a dit que les excès dont nous avions été témoins à différentes époques étaient l'ouvrage d'une très-petite minorité, et il a fait l'éloge de la grande majorité du peuple français. Eh bien ! Messieurs, je m'unis à lui. Oui, le peuple français est brave, humain, généreux pour les vaincus, hospitalier même pour ses ennemis, enfin je ne tarirais pas sur les éloges qu'il mérite ; mais soyez convaincus aussi d'une vérité qui n'a rien d'offensant pour le peuple français, puisqu'elle s'applique à l'espèce humaine en général : soyez convaincus qu'une minorité perverse peut faire le malheur et la désolation du pays ; car les masses sont toujours vouées à l'égoïsme de leurs intérêts. Six cent mille hommes dans leurs maisons, au 1er., au 2e., au 3e. étage, auraient beau vouloir être tranquilles ; ils n'empêcheront pas le trouble, la perturbation ; ce n'est qu'en descendant dans la rue, en formant masse, qu'on fait voir où est la majorité, comme fait chaque jour notre admirable garde nationale.

Il y a des temps, Messieurs, où ceux qui ont affronté mille morts sur les champs de bataille tremblent devant une disgrâce, devant une épigramme, un mauvais quolibet de journal ; tout le monde sait fort bien servir son pays au péril de sa vie ; tout le monde ne sait pas le servir au risque de perdre sa popularité, et tel marcherait sans pâlir au-devant d'une batterie, qui ne supporterait pas tranquillement les outrages quotidiens des journaux qui déshonorent par leurs excès la véritable liberté de la presse. (Mouvement. Adhésion marquée aux centres et dans d'autres parties de la salle.)

Soyons sincères, Messieurs, la candidature élective ne peut rien produire de bon ; ne flattons pas les électeurs, ils ont besoin comme nous de faire leur éducation constitutionnelle. Il y a sans doute beaucoup d'électeurs éclairés, mais il en est qui, avec le désir de bien faire, font mal. La calomnie dans les élections s'attache aux meilleurs citoyens ; elle saisit le moment favorable pour les présenter comme des ennemis publics, pour empêcher que justice ne leur soit rendue. La candidature n'est qu'un moyen déguisé qui revient à peu près à la même chose que l'élection directe, si elle n'est pas encore pire. Ces candidatures ne seraient pour ainsi dire qu'une fiche de consolation accordée à celui qui n'aurait pas été nommé député. Vous n'auriez ainsi que des hommes de second choix. Il n'y aurait plus en résultat de responsabilité ministérielle, car le ministère, si on l'attaquait sur ses choix, pourrait dire : Vous m'aviez donné de mauvais candidats.

Il y a un esprit de localité qu'il faut cultiver; mais la pensée d'État est toujours une pensée élevée, supérieure, générale, à laquelle il faut faire le sacrifice des intérêts particuliers. S'il est du devoir d'un député de faire entendre l'intérêt de son arrondissement, quand cet intérêt a été signalé il doit se taire, et même être le premier à faire prévaloir l'intérêt général sur l'intérêt local; c'est à cette condition qu'on est député, et vous demandez que pour la pairie la candidature ait lieu par arrondissement! Eh bien! chacun voudra avoir un homme de son endroit, on aura beau n'avoir chez soi que des médiocrités, on ne voudra pas en sortir pour chercher un homme de génie qui serait dans l'arrondissement voisin, et vous aurez, non pas des pairs de France, mais des pairs d'arrondissement.

Je vote contre l'amendement et pour le projet de la commission. Mouvement prolongé d'approbation dans toutes les parties de la salle. Une foule de membres se groupent autour de M. Dupin et le félicitent. La séance demeure suspendue pendant quelques instans.

Séance du 15 octobre 1831.

Contre l'amendement de M. Mesnard, qui voulait faire du titre d'archevêque, évêque, une catégorie d'aptitude à la pairie.

(Constitutionnel du....)

M. Dupin aîné demande la parole. (Écoutez ! écoutez !) Messieurs, dit-il, je viens prendre la parole contre l'amendement, mais non par une prévention qui soit défavorable aux personnes. Je rends hommage aux chefs du culte, et en particulier aux vertus et aux lumières de l'épiscopat catholique français. Mais sa gloire est attachée à l'accomplissement des devoirs qui lui sont imposés dans la mission à laquelle il s'est voué, et qui n'admet guères les distractions politiques ni les embarras des affaires d'un autre monde.

Je prends donc ma première considération, non dans une prévention quelconque contre un culte qui est le mien, mais dans l'intérêt même de la religion. J'ai pour garant de mon opinion à cet égard celle déjà émise par M. de Grammont, dont la haute vertu et la véritable piété prouvent que, dans le culte catholique, se trouvent des amis sincères et des défenseurs zélés des libertés publiques. (Marques générales d'approbation.)

Un second motif n'est pas moins puissant : je le produirai dans l'intérêt de la politique et de l'ordre civil : ce motif est la séparation qui doit exister entre l'intérêt des cultes pour leur liberté même, et l'ordre civil dans l'intérêt de la nôtre. N'oublions pas les derniers temps, n'oublions pas les causes de la haine qui dans la révolution de la fin du siècle dernier, et surtout dans ces derniers temps, s'est manifestée contre les prêtres. N'oublions pas qu'après la restauration la noblesse se serait peut-être fondue dans le corps de la nation, si elle n'eût fait imprudemment alliance avec le clergé, en ressuscitant son ambition ; n'oublions pas que le désir, pour la noblesse, de rester le second ordre de l'état n'a été réveillé que par le désir du clergé de faire dire encore : « Le clergé, la noblesse et le tiers-état. » (Très-vive sensation.)

Eh bien ! le peuple français est un, mais les carrières sont différentes, et de même qu'il y a des incompatibilités dans les offices civils, il doit également en exister entre les charges civiles et les fonctions ecclésiastiques. C'est ce mélange qui retourne sans cesse contre le clergé, en le perdant d'ambition, qui lui attire tant de reproches, et qui paralyse tous les hommages que pourraient lui mériter ses seules vertus.

Le clergé sera fort, Messieurs, et je lui donne peu d'années pour cela ; le clergé sera fort s'il s'abstient sincèrement de politique. A cette condition, il obtiendra, et dans peu de temps, plus de considération, plus de vénération qu'il n'en a jamais eu. Et ici je me servirai d'une comparaison empruntée à notre honorable collègue, M. Odilon-Barrot. Il vous disait, avec autant de profondeur que de vérité, que c'était l'association de la propriété avec le privilége qui avait compromis la propriété. Et pourquoi? Parce qu'alors on ne frappe pas seulement sur l'ennemi, mais encore sur celui avec lequel il fait alliance.

Messieurs, on frappe de même sur la religion, quand elle est unie à la politique (*une foule de voix :* Oui, oui! C'est bien vrai!) Si au commencement de la révolution on n'avait trouvé les prêtres que dans les temples, la révolution se serait accomplie sans dommage pour le clergé; la religion eût conservé toute sa splendeur; elle n'eût souffert aucune atteinte. Mais les évêques étaient des hommes politiques. Ils s'étaient logés dans des fiefs; ils étaient comtes, barons; ils étaient aussi ducs et pairs de France; ils étaient partout les appuis, les alliés du privilége; au lieu de s'interposer comme ministres de paix au milieu des dissensions civiles, ils y étaient parties intéressées. On les trouvait mêlés au troubles de la Vendée, on les rencontrait dans les rangs de l'étranger, qu'ils excitaient à envahir la France; ils n'étaient plus les hommes de la religion, mais les agens de la politique; on cessa de voir le prêtre pour ne voir que le factieux, et on a généralisé les proscriptions. (Bravos et applaudissemens universels dans l'assemblée et dans les tribunes publiques.) Je vote contre l'amendement (*De toutes parts*, avec énergie : Oui! oui! Aux voix!)

Voix nombreuses : La question préalable.

M. le président met la question préalable aux voix, elle est adoptée. (Très-vif mouvement de satisfaction.)

La discussion sur l'institution nouvelle de la pairie devait attirer l'attention sur les personnes elles-mêmes, et la réorganisation radicale du personnel de la Chambre des pairs avait apparu à un grand nombre de bons esprits comme une nécessité invincible. Pour justifier cette opinion, la presse s'occupait sans relâche de rechercher dans le passé les actes politiques accusateurs.

Au milieu de tous les souvenirs législatifs qu'elle ravivait, et invoquait contre elle, s'en trouvait un, le plus douloureux, le plus vivant de tous. Il était marqué de sang... et le sang versé illégalement ne s'efface jamais ! C'était la condamnation de l'illustre maréchal Ney.

Cette grande catastrophe que l'on peut mettre au nombre des jours les plus funestes de la restauration, avait réveillé une vive et touchante sympathie dans tous les cœurs français. Il appartenait aux citoyens, enfans du même berceau que la noble victime, de marcher à la tête du deuil de la patrie, et de donner le signal de l'œuvre sainte de la réhabilitation !

Les habitans du département de la Moselle, durant le cours de la discussion sur la loi de la pairie, présentèrent à la Chambre des députés une pétition dans laquelle ils réclamèrent, pour les cendres du maréchal, les honneurs du Panthéon, et, pour sa mémoire, un monument élevé aux frais de l'État.

La pétition fut rapportée, le 12 novembre 1831, par

M. Charpentier. Plusieurs brillans discours furent prononcés. La Chambre entendit les anciens compagnons d'armes de l'illustre maréchal, MM. le maréchal Clauzel et le général Lamarque.

Ce fut dans cette même séance, qui excita l'intérêt de tout le pays, qu'on vit M. Dupin, après quinze ans d'un silence forcé, retrouver pour l'honneur de la mémoire de son noble client l'enthousiasme, la conviction, le dévouement que l'ancien défenseur avait apportés à la conservation d'une vie si précieuse! Son improvisation obtint les suffrages universels, au dehors, au dedans de la Chambre, dans les journaux ministériels, et dans les journaux de l'opposition.

Ce discours servant en quelque sorte de base à la procédure en révision, nous croyons devoir, d'après l'ordre chronologique des pièces que nous nous proposons de publier, le placer en tête de notre œuvre.

Séance du 12 novembre 1831.

Sur la pétition relative au maréchal Ney.

(Constitutionnel du 13.)

« Les habitans du département de la Moselle demandent que les cendres du maréchal Ney soient transférées au Panthéon, et qu'il lui soit élevé un monument aux frais de l'État. » (Mouvement universel d'un vif intérêt.)

Après le rapport de M. Charpentier, rapporteur de la commission des pétitions, et les discours du général Lamarque et du maréchal Clausel :

M. Dupin aîné monte à la tribune. (Marques générales d'attention et de curiosité.)

Messieurs, dit l'orateur au milieu d'un profond silence, j'adhère, avec empressement à toute réparation qui serait accordée aux mânes illustres du maréchal Ney; mais la meilleure réparation, c'est la révision et la cassation de l'arrêt qui l'a condamné. (Acclamations soudaines et générales d'approbation.) Les moyens ne manqueront pas. (*Une foule de voix :* Non ! non ! Écoutez !)

Et d'abord, je me rappelle encore ces terribles paroles qui furent prononcées par le premier ministre d'alors, en se présentant à la Chambre des pairs constituée en Cour de justice : « C'est au nom de l'*Europe* que je viens vous conjurer et vous *requérir* à la fois de juger le maréchal Ney. » (Mouvement général d'indignation.)

Ainsi, continue M. Dupin, l'acte d'accusation était porté au nom de l'étranger, de l'étranger en armes, occupant Paris à la suite non d'une conquête, mais d'une convention militaire.

Il est un second point qui de tout temps a entaché et vicié les jugemens. La défense n'a pas été libre. Ce n'est pas là une de ces interruptions qui empêchent seulement de poursuivre une phrase qui sonne mal à l'oreille du juge ; c'est l'interdiction formelle de plaider un moyen que les défenseurs regardaient comme légitime et comme décisif.

Cette interdiction fut faite par un arrêt, si l'on peut appeler ainsi une résolution prise au moment du repos de l'audience en la chambre du conseil, sans entendre les défenseurs sur l'incident : arrêt lors duquel (je le tiens d'un des juges qui y fit attention, parce qu'il avait été ancien magistrat) les voix furent prises, mais ne furent pas comptées, bien que cela fût de rigueur en matière criminelle. (Vive sensation.)

La Cour reprit séance et défendit aux avocats de plaider le moyen résultant de la convention militaire de Paris, et pourtant ce moyen était décisif ; car la convention portait interdiction de rechercher qui que ce soit pour ses opinions, ses actes et ses fonctions.

Qu'on vînt dire que, la convention ayant été passée entre militaires, cela ne suffisait pas pour lier le gouvernement, il fallait laisser plaider le moyen pour le pouvoir ensuite apprécier. Mais ce subterfuge même était inutile. La convention avait été faite au nom de l'alliance, qui avait pouvoir de la dynastie légitime pour attaquer Paris.

La convention avait d'ailleurs été ratifiée par ceux qui avaient profité de ses effets, puisque c'était elle qui avait procuré aux Bourbons leur retour en France, où ils ne rentrèrent que parce que l'étranger s'y était logé. La convention protégeait à la fois les personnes, les propriétés et les monumens. En effet, par qui avait-elle été conclue? par une commission militaire et par M. le préfet de la Seine au nom des habitans de Paris et de la sûreté des monumens de la capitale.

On traitait non-seulement dans l'intérêt de la ville de Paris, mais, comme je l'ai dit, au nom de cette brave armée qui s'était ralliée sous les murs de Paris. Je me rappelle encore que, lorsque les commissaires furent interrogés devant la Chambre des pairs, M. le comte de Bondy déclara qu'il leur avait été adjoint pour stipuler pour les intérêts civils, pour les personnes et pour les propriétés.

M. le maréchal Davoust vint ensuite, avec la noble simplicité qui convenait à son courage, déclarer qu'il avait 60,000 hommes d'infanterie, 25,000 hommes de superbe cavalerie, 500 pièces de canon attelées, et toutes les espérances d'un général français qui se bat sous les murs de la capitale pour le salut de la patrie. (Vive approbation.)

C'est en présence de ces formidables moyens de défense (je devrais dire de victoire, car tous les généraux furent d'avis que la première victoire était infaillible pour l'armée française) que l'on traita, et dans ce traité furent mis à couvert les intérêts militaires. Lorsqu'ensuite on est revenu prendre en détail les chefs qui avaient traité à la tête de cent mille hommes, chacun d'eux a donc pu dire comme l'amiral de Coligny :

> Je n'ai pas prétendu céder, par un traité,
> Le droit de m'égorger avec impunité. (Bravo! bravo!)

Voilà le moyen que nous voulions faire valoir devant la Chambre des pairs, je crois qu'il aurait été victorieux ; mais nous ne fûmes pas entendus : il y a eu violation du droit sacré de la défense : la condamnation est illégale et nulle. Il n'y a pas eu seulement mal jugé ; on peut dire en réalité qu'il n'y a pas eu arrêt. (Nouvelles marques d'une éclatante approbation.)

Quant au moyen tiré du traité du mois de novembre, qu'on ne s'y méprenne pas ; qu'on se dispense de jeter à ce sujet un doute désobligeant dans les esprits : c'est précisément pour constater jusqu'au bout le vice d'un arrêt qu'il n'était pas en notre pouvoir d'empêcher de rendre, que nous avons constaté jusqu'au dernier moment l'impossibilité dans laquelle les défenseurs du maréchal avaient été de le défendre contre une accusation portée au nom de l'étranger.

C'est de concert avec le maréchal, et pour constater le refus obstiné des juges d'entendre la défense, que j'ai rédigé moi-même cette protestation, qui fut écrite de ma main et copiée par le maréchal Ney [1]. Je l'ai

[1] Voir à la fin du volume l'extrait curieux que nous avons puisé dans la *Galerie des Contemporains*, art. *Dupin* et *Ney*, sur ce fait d'une haute importance.

conservée ; il appartient à ses fils de la relever, comme ils m'en ont exprimé le désir. (Mouvement.)

J'aurai l'honneur, puisque c'est leur dessein, de m'en constituer encore le défenseur. (Bien ! très-bien ! Bravos universels.) — J'appuie le renvoi.

Ces paroles, improvisées par l'orateur avec une émotion visible, ont produit sur toute l'assemblée une impression qui laissera des traces profondes.

Le renvoi au conseil des ministres est prononcé sans opposition.

MÉMOIRE

EN RÉVISION

DU PROCÈS

DU

MARÉCHAL NEY.

« Je suis accusé contre la foi des traités, et on ne
» veut pas que je les invoque!... J'en appelle à
» l'Europe et à la postérité! »
(*Protestation du maréchal* NEY, *à l'audience du* 6 *déc.* 1815.)

« Accusateur! vous voulez placer sa tête sous la
» foudre! et nous, nous voulons montrer com-
» ment l'orage s'est formé! »
(DUPIN, *à l'audience du* 23 *nov.* 1815.)

Il faudrait que l'humanité cessât d'être sujette à l'erreur, pour que *la voie de révision* cessât d'être ouverte en matière criminelle, surtout dans les accusations politiques, où les juges ne sont pas seulement exposés aux mécomptes ordinaires de l'intelligence humaine, mais où ils sont encore assiégés par les passions ambitieuses qui, dans les affaires ordinaires, ne viennent point agiter les esprits et troubler les consciences!

Que le tribunal soit plus ou moins élevé dans la hiérarchie des pouvoirs; que le nombre des hommes qui ont pris part à ce jugement soit plus ou moins grand, peu importe : l'erreur, quand elle doit être commise, s'empare des compagnies comme des individus; plus rapidement peut-être, parce qu'il y a plus de fermentation dans une réunion nombreuse que dans une seule tête, et moins d'inquiétude sur la responsabilité d'un fait, quand cette responsabilité est très-divisée, que lorsqu'elle se concentre sur un petit nombre d'individus.

La révision était admise par notre ancien droit français ; elle l'était spécialement par l'ordonnance de 1670, contre les arrêts des parlemens (et du parlement de Paris, *cour des pairs*), aussi bien que pour les sentences des autres juridictions.

Pour les temps anciens, il suffirait de citer pour exemple l'arrêt du connétable de Bourbon, annulé après sa mort, le 27 mai 1530, et l'acte d'annulation publié et enregistré par le même parlement de Paris, qui l'avait condamné à mort et avait confisqué tous ses biens !

L'amiral Chabot, condamné le 8 février 1540, par un amalgame de commissaires extraordinaires et de neuf conseillers du parlement de Paris, fut réhabilité au mois de mars 1541, et la réhabilitation enregistrée le 5 avril suivant, au même parlement de Paris, qui avait fourni le détachement de conseillers employés à la condamnation ! Et cette condamnation elle-même devint un des chefs d'accusation contre le chancelier Poyet qui en avait été le promoteur.

Enfin, dans des temps plus modernes, l'arrêt de Lally-Tollendal, condamné à mort et conduit au supplice, ayant à la bouche un bâillon (que d'autres juges n'ont mis qu'à celle des défenseurs de l'accusé) ! cet arrêt, cassé le 25 mai 1778, renvoyé au parlement de Rouen, purgé de la ridicule intervention d'un des juges qui avait demandé la parole *pour un fait personnel,* fut finalement renvoyé aux parlemens de Dijon et de Bordeaux, sur les poursuites infatigables d'un fils nommé *curateur à la mémoire de son père,* et dont la piété refusa d'accepter aucune faveur de la cour, jusqu'à ce que satisfaction eût été donnée à la mémoire qu'il avait entrepris de venger.

Dans le système de l'ordonnance de 1670, on renvoyait le procès tantôt au même tribunal, tantôt à un autre, s'il existait contre le premier une cause de suspicion légitime.

L'Assemblée constituante ne crut pas la révision compatible avec l'institution du jury, et elle admit seulement la *réhabilitation*. Pour les demandes en révision non encore jugées, une loi du 10 août 1792 chargea la Cour de cassation de les vider.

Mais, dès l'année suivante, on reconnut que la *réhabilitation* ne suffisait pas aux besoins de la justice; et que, par exemple, dans le cas de deux condamnations contradictoires et inconciliables, qui, dans leur conflit, rendaient certaine l'innocence d'un des deux condamnés pour le même fait, il fallait absolument admettre *la révision*. Elle fut en effet admise, pour ce cas, par une loi du 13 mai 1793.

Sous le Code de brumaire an IV, on douta si son article 594 n'avait pas, dans son abrogation générale des lois antérieures, compris celle du 13 mai sur la révision; mais la Cour de cassation jugea que non, par arrêt du 9 vendémiaire an IX.

Sous l'empire, le sénatus-consulte du 14 thermidor an X accorda, par son art. 86, *le droit de grâce* au chef du gouvernement ; mais on fait grâce aux coupables, et la révision devait-elle donc être interdite aux innocens? Cette différence est bien marquée par la réponse de la veuve de Barnevelt. Ses fils ayant tramé une conspiration contre le prince d'Orange qui avait fait condamner et exécuter leur père, elle sollicita leur grâce. Le prince lui objecta qu'il était étonné que, ne l'ayant pas demandée *pour son mari*, elle vînt la solliciter *pour ses fils !* Elle répondit que *si elle n'avait pas sollicité la grâce de son mari, c'est qu'il était* INNOCENT, *mais que ses fils étaient* COUPABLES.

Aussi, sous le sénatus-consulte de l'an X, comme auparavant, la Cour de cassation a toujours jugé que le *droit de grâce*, ne faisait point obstacle au *droit de révision*. (Voyez l'arrêt du 30 novembre 1810, et celui du 27 juin 1811.)

Le Code d'instruction criminelle a défini plusieurs cas dans lesquels il fait de la révision un *droit absolu ;* ces cas sont au nombre de trois :

1°. Lorsqu'un accusé a été condamné pour un crime, et qu'un autre accusé a aussi été condamné par un autre arrêt, comme auteur du même crime, si les deux arrêts ne peuvent pas se concilier et sont la preuve de l'innocenc de l'un ou de l'autre des condamnés. (Art. 443.)

2°. Lorsqu'après une condamnation prononcée pour homicide, il y a preuve, ou seulement des indices suffisans que la personne prétendue homicidée existe encore. (Art. 445.)

3°. Lorsque la condamnation a eu lieu sur faux témoignage dûment constaté. (Art. 446.)

Le Code, prévoyant le cas où la personne condamnée a subi sa condamnation, dit qu'il sera créé un *curateur à sa mémoire*, *avec lequel se fera l'instruction, et qui exercera tous les droits du condamné.* (Art. 447.)

L'infortuné Lally était dans ce cas; il en est de même de ce que le fils de Lally appelait *la douloureuse condamnation du maréchal Ney*[1].

L'effet de la révision au fond est que « si, par le » résultat de la nouvelle procédure, la condamnation » se trouve avoir été portée injustement, le nouvel » arrêt *déchargera la mémoire du condamné de l'ac-* » *cusation qui avait été portée contre lui.* » (Art. 447.)

Quant à la procédure, sous l'ancienne législation, la révision devait être autorisée par lettres patentes du roi, obtenues en grande chancellerie, et adressées à la juridiction qui devait en connaître. Sous le Code actuel, le ministre de la justice, soit d'office, soit sur la demande de la partie intéressée, charge le procureur général près la Cour de cassation de dénoncer les faits à cette Cour qui statue et désigne la Cour ou le Tribunal qui devra procéder à la révision.

Du reste, aucun délai fatal, aucune prescription n'est assignée pour borner la durée et les effets de la demande en révision.

[1] Cette expression se trouve dans un écrit de M. Lally-Tollendal, intitulé : *Déclaration de plusieurs pairs*, et insérée au *Moniteur* du 27 novembre 1821.

Maintenant, et sur la question précise de savoir *si l'arrêt du maréchal Ney est dans le cas d'être révisé*, examinons quelles sont les objections que peuvent faire les partisans de l'immuabilité de cet arrêt.

La première est que la juridiction de la Cour des pairs est une juridiction *exceptionnelle* qui n'est pas soumise aux règles du droit commun.

Mais à cette objection on doit répondre, comme l'a déjà fait M. Carnot dans son Code d'instruction criminelle :

« Ce n'est pas seulement des arrêts rendus par les
» Cours d'assises que le Code d'instruction criminelle
» autorise la révision, mais de *tous les arrêts ou ju-*
» *gemens* qui prononcent des peines afflictives ou infa-
» mantes, *quels que soit la Cour ou le Tribunal* qui
» les ait rendus; ainsi les jugemens émanés des *tribu-*
» *naux militaires*, etc. etc.... Ce n'est pas *limitative-*
» *ment*, en effet, que le Code parle des arrêts et des
» Cours, puisqu'il porte que, *dans les cas prévus*, il
» y aura lieu à révision, et qu'il le déclare ainsi d'une
» manière *absolue*, et sans y mettre *aucune restric-*
» *tion.* »

A quel titre, d'ailleurs, voudrait-on ici soustraire les arrêts de la Cour des pairs à la révision autorisée par le droit commun? Cela serait tout au plus tolérable si la procédure de la Cour des pairs avait été réglée par une *loi spéciale* hors laquelle il serait défendu d'aller chercher un moyen de recours. Mais qu'on daigne s'en souvenir, la défense du maréchal Ney s'est vainement récriée contre l'absence d'une telle loi [1], contre l'arbitraire effrayant dont cette Cour allait s'environner, en traçant elle-même la marche qu'il lui conviendrait de suivre. Que répondit l'accusation ? Que l'on emprunterait au droit commun toutes les dispositions praticables devant la Cour des pairs. Cette Cour en a usé de même lors de la conspiration dite du mois d'août, en 1820, quoiqu'à cette époque le Roi eût rendu une ordonnance pour tracer une procédure *spéciale* à la Cour des pairs ; elle n'y eut aucun égard, et la Cour voulut encore s'en tenir à la procédure tracée par le Code d'instruction criminelle. Or, si la Cour des pairs a ainsi emprunté à ce Code toutes les formes à l'aide desquelles on a conduit l'accusation à son terme et prononcé la condamnation, le droit n'est-il pas resté à l'accusé lui-même, et après lui à sa famille, d'user en temps et lieu du remède extrême de la révision, que *le droit commun autorise, et dont aucune loi particulière n'a excepté les arrêts de la pairie ?*

Et si nous regardons au fond des choses, sous quel prétexte honnête et raisonnable pourrait-on refuser la révision d'une condamnation prononcée *même par la Cour des pairs ?*

1°. Si cette condamnation se trouvait, par événement, en conflit avec une autre condamnation prononcée par une Cour ordinaire, contre un homme du droit commun, en raison du même fait pour lequel

[1] Parmi les quatre Mémoires que M. Dupin a rédigés pour la défense du maréchal Ney, et qui se trouvent dans l'ouvrage de M. Évariste Dumoulin, le plus exact et le plus indépendant des historiens de ce grand procès, voyez celui qui est intitulé : *Question préjudicielle.*

la Cour des pairs aurait condamné son justiciable privilégié! N'y aurait-il pas, dans l'intérêt, je ne dis pas de la loi, mais du sens commun et de l'équité naturelle, nécessité de procéder à une révision dont l'effet serait de lever ce que les deux arrêts offriraient de contradictoire et d'inconciliable, si la condamnation de l'un des deux accusés devenait évidemment la preuve de l'innocence de l'autre? (Cas prévu par l'art. 443.)

2°. N'en faudrait-il pas dire autant, si la noble Cour avait condamné un accusé pour avoir *tué dans une conspiration* un homme dont l'existence serait ensuite prouvée ou suffisamment renseignée? (Art. 444.)

3°. Et si la noble Cour, sujette à être trompée, comme les tribunaux ordinaires, n'avait jugé que sur faux témoignages, faudrait-il maintenir l'arrêt, malgré la découverte ultérieure du faux? Non, mille fois non. (Art. 445.)

Mais, dira-t-on pour seconde objection, si l'on ne peut nier que dans *ces trois cas qui sont ceux prévus par le Code*, il y aurait lieu à révision, on n'en pourrait rien conclure dans l'espèce proposée, parce que la condamnation du maréchal Ney n'a été rendue dans aucun de ces trois cas.

Si; on en conclurait d'abord *en principe* que, dans ces trois cas, il y aurait lieu à révision, et que, par conséquent, les arrêts de la Cour des pairs, quoique rendus par la plus élevée des juridictions du royaume, ne sont pas invulnérables. Car ici la souveraineté de la juridiction n'y fait rien, puisque *la révision*, par sa nature, n'a jamais lieu que contre des arrêts en dernier ressort, passés en force de chose jugée, et quelquefois même contre des arrêts qui malheureusement ont déjà reçu leur fatale exécution!...

Ensuite, et *en fait*, on aurait à examiner s'il n'y a pas lieu, dans l'espèce, d'appliquer le troisième cas, celui de *faux témoignage*, quand on pense que le prétexte dont on s'est servi pour écarter le moyen tiré de la convention de Paris, a été que les Bourbons *n'avaient pas approuvé et ratifié cette convention*. Eh bien! ce prétexte était *faux* : car ils l'avaient ratifiée. On l'a nié impudemment dans une *note écrite*; mais cette note est aussi un *faux témoignage* : la preuve de l'adhésion avait été dissimulée tant qu'a duré la restauration; c'était peut-être là *le secret de M. Bignon!* Mais il sera le premier à le révéler; d'autres preuves existent, et le contraire de ce qui a été dit pour appuyer l'arrêt sera facilement prouvé.

Vainement, dira-t-on, en s'attachant toujours à la lettre de la loi, qu'il faudrait d'abord faire condamner les faux témoins? Je réponds que si le Code parle des faux témoins, il entend surtout parler du *faux témoignage*. Qu'importe, en effet, que ce soit par suite d'une déposition *orale* qu'un accusé ait succombé, ou par suite d'une déclaration *écrite?* L'effet est le même si la déclaration est *fausse* et si les juges, *trompés* par cette déclaration, ont injustement condamné celui qu'ils auraient absous dans le cas où on ne leur aurait pas caché la vérité. Comment surtout renvoyer à un procès préalable contre la personne de ceux qui ont menti *à* justice, si l'un d'eux est un étranger qui n'était pas alors, pas plus qu'il n'est encore à présent, justiciable des tribunaux du pays; Comment, si cette dissimulation du vrai, qui a induit le juge en erreur, a été commise par un gouvernement dont le chef est mort, et dont le ministère responsable n'existe plus depuis long-temps, et si d'ailleurs il s'est écoulé, comme dans l'espèce, un temps plus que suffisant pour opérer la prescription contre les coupables? A l'impossible nul n'est tenu; et c'est ici, ou jamais non, le cas d'appliquer la maxime qui répute une condition accomplie, quand il ne dépend pas de celui à qui elle est imposée qu'elle le soit, et quand l'obstacle à son accomplissement procède d'un fait qui lui est étranger.

Ajoutons d'ailleurs un dernier moyen, et celui-ci est décisif, c'est que les trois cas de révision énumérés par le Code ne sont pas les seuls dans lesquels la révision puisse avoir lieu. Ce sont bien les seuls dans lesquels elle a lieu *de plein droit*, *forcément*, par la seule volonté du condamné ou de sa famille; mais, dans la discussion au Conseil-d'État, on n'a pas pu se dissimuler qu'à côté de ces trois cas prévus par la loi, il pourrait s'en trouver d'autres aussi favorables, et dans lesquels l'humanité, la raison, la justice réclameraient la révision d'une condamnation. Alors on a considéré que le droit de *grâce*, qui renferme le droit absolu et péremptoire d'anéantir les effets d'une condamnation portée même contre un homme évidemment coupable, comportait, à plus forte raison, le droit d'autoriser la révision d'un procès contre un homme présumé innocent; car qui peut le plus peut le moins. Or, c'est précisément ce qui a eu lieu lors de la discussion du Code d'instruction criminelle; et c'est ce qui fait dire à M. Carnot:

« Mais si sa majesté, usant de la souveraine puis-

» sance dont elle est revêtue, ordonnait la révision
» d'un procès *hors des cas* que le Code d'instruction
» criminelle détermine, les tribunaux devraient s'em-
» presser de déférer à ses ordres, puisque, ayant le
» droit de faire grâce, elle a nécessairement celui d'or-
» donner *la révision des procès que des circonstances*
» *particulières tirent de la règle commune.* »

Et ce n'est pas une vaine théorie sur l'interprétation du Code d'instruction criminelle ! Cette interprétation était tellement dans son esprit, qu'elle a reçu son application dans une circonstance même qui n'avait rien de politique, rien qui réclamât autre chose que l'application des règles communes de l'équité et de la pitié pour un homme accusé de vol et qu'on supposait avoir été injustement condamné ! Voici la teneur des lettres-patentes qui furent expédiées le 20 décembre 1813 :

Napoléon, par la grâce de Dieu et les constitutions de l'empire, empereur des Français, roi d'Italie, protecteur de la confédération du Rhin, médiateur de la confédération suisse, etc., etc., etc.;

Au premier président, aux présidens et conseillers de notre Cour de cassation, savoir faisons ce qui suit :

Notre grand-juge ministre de la justice nous a exposé qu'un arrêt de la Cour de justice criminelle du département de la Dyle, en date du 18 juillet 1806, a condamné à seize années de fers Gérard Garçon pour crime de vol sur une grande route, et le nommé Sébastien Ellenbergh, pour complicité dans ledit crime.

Gérard Garçon ayant été ensuite accusé du crime de garrotage dans le département des Deux-Nèthes, a été extrait du bagne et traduit devant la Cour d'assises, ainsi que Sébastien Ellenbergh, prévenu de complicité avec lui dans ce nouveau crime; il est résulté de la procédure faite contre ces deux individus, que, d'une part, Gérard Garçon a été condamné le 27 juillet 1808 à la peine de mort, et que de l'autre, non-seulement Sébastien Ellenbergh a été reconnu étranger au crime de garrotage, mais que même on a acquis *de fortes présomptions qu'il n'avait point eu part au crime de vol sur une grande route, pour lequel il avait été condamné;* les lumières acquises à cet égard par les magistrats dans le cours de la procédure, ont été corroborées par la déclaration de Gérard Garçon, à l'exécution duquel il avait été sursis pour causes valables; Gérard Garçon ayant aussi indiqué un autre individu comme complice de son crime, cet individu a été amené devant la Cour de Bruxelles: mais malgré la conviction de sa culpabilité acquise par les juges au moyen de l'instruction, il a été impossible de le mettre en accusation; l'action publique étant prescrite à raison du laps de temps écoulé aux termes de l'article 637 du Code d'instruction criminelle.

D'après cet exposé, notre grand-juge a conclu dans notre conseil privé, tenu le 12 de ce mois, à ce qu'il nous plaise d'accorder *des lettres de grâce* à Sébastien Ellenbergh, sur lequel rapport ayant entendu ceux qui composent ledit conseil, nous avons *pensé que le moyen proposé ne satisfaisait pas entièrement à l'égard dudit Ellenbergh, aux droits de la justice,* attendu les fortes présomptions acquises sur son innocence; cependant l'individu reconnu coupable étant couvert de la prescription, il est impossible de prononcer contre lui un arrêt qui, se trouvant inconciliable avec celui d'Ellenbergh, donnerait ouverture à vous faire dénoncer les deux jugemens par notre procureur-général, ainsi qu'il est prescrit par l'art. 443 du Code d'instruction criminelle, à l'effet d'annuler l'un et l'autre, et de renvoyer les deux condamnés devant une autre Cour pour une nouvelle instruction.

Les autres moyens indiqués par le Code étant évidemment inapplicables, et *l'état actuel de la législation laissant sans recours l'innocent condamné dans le cas dont il s'agit,* nous avons jugé nécessaire de suppléer à cette insuffisance de la loi par une disposition rapprochée de ce qu'elle a déterminé pour des faits analogues.

A ces causes, nous voulons et ordonnons que l'arrêt rendu le 18 juillet 1806, par la Cour de justice criminelle du département de la Dyle, contre Sébastien Ellenbergh, soit, ainsi que la procédure qui y a donné lieu, et celle qui a motivé l'arrêt porté par la Cour d'Anvers le 7 juillet 1808, soumis à votre examen, en sections réunies, sous la présidence de notre grand-juge ministre de la justice, afin qu'entrant dans l'examen des faits, indépendamment de la régularité et des vices de forme, et sans avoir égard à l'arrêt de confirmation précédemment rendu par vous, ledit arrêt de la Cour de la Dyle soit cassé et annulé, s'il y a lieu, dans l'intérêt d'Ellenbergh, et que ledit individu soit absous et mis en liberté; comme aussi dans le cas où l'innocence dudit Ellenbergh ne paraîtrait pas suffisamment résulter de la procédure, nous vous autorisons à le renvoyer devant la Cour d'assises, pour le faire juger de nouveau sur les faits qui ont donné lieu à sa condamnation.

Mandons et ordonnons que les présentes lettres de révision gracieuse, scellées du sceau de l'empire, visées par notre cousin le prince archichancelier, vous soient présentées par notre procureur-général, en audience publique, et transcrites de suite sur vos registres à sa réquisition.

Donné à Paris, le 20 décembre 1813.

Signé NAPOLÉON.

Ces lettres patentes, contre-signées par l'archichancelier Cambacérès, ont été lues, publiés, enregistrées, *pour être exécutées selon leur forme et teneur*, devant la Cour de cassation, en audience solennelle, le 8 janvier 1814, sur le réquisitoire de M. le procureur-général MERLIN, sous la présidence de M. le comte MOLÉ, grand-juge, ministre de la justice, toutes les sections réunies avec leurs présidens, et, parmi eux M. HENRION DE PANSEY !

En exécution de ces mêmes lettres et de l'arrêt d'enregistrement, on avait déjà commencé la révision ; un rapporteur avait été commis, et il achevait son travail, lorsque, sur ces entrefaites, le département de la Dyle, auquel l'accusé appartenait par sa naissance et son domicile, ayant été envahi par les armées étrangères, et ensuite *distrait du territoire français par un traité* (celui du 30 avril 1814), les Tribunaux français cessèrent d'avoir juridiction sur l'accusé, et il devint *impossible de donner suite à l'affaire, et de statuer au fond sur l'effet des lettres de révision gracieuse dont il s'agit*. Tels sont les termes employés dans l'arrêt du 7 juillet 1814.

Mais le principe n'en reste pas moins clairement posé : la grâce, la réhabilitation, des honneurs accordés ou promis aux héritiers, tout cela *ne satisfait pas aux droits de la justice.* Il n'y a qu'un moyen qui soit efficace, c'est d'anéantir et d'extirper, *par la voie de la révision*, une condamnation que des présomptions suffisantes portent à regarder comme injuste. Cette révision est *forcée* quand on est dans un des trois cas littéralement prévus par le Code; et nous avons prouvé (sans même épuiser la question), que l'arrêt du maréchal est dans l'un de ces cas. Mais ne fût-il pas exactement dans ses termes, il reste toujours, en droit, la possibilité « d'une *révision gra- » cieuse* dans les procès que des *circonstances parti- » culières* tirent de la règle commnne »

Or, quelle affaire, quelle condamnation, quel arrêt ont jamais offert de circonstances plus particulières, plus extraordinaires que celle du maréchal Ney ? Comment le ministre de la justice de 1831 hésiterait-il à conseiller au Roi de rendre une ordonnance fondée sur *le même principe* que les lettres patentes accordées par l'empereur, le 20 décembre 1813, dans une espèce qui était loin d'offrir le même degré d'évidence, et surtout le même intérêt ? Cette ordonnance préalable est d'autant plus nécessaire ici, que, sans cela, la Chambre des pairs ne peut pas se constituer en *Cour de justice* [1]. Espérons donc que cette ordonnance ne tar-

[1] Ceci explique comment le procureur-général près la Cour de cassation a pu promettre sa coopératiou à la famille du maréchal Ney. Si l'arrêt avait été rendu par une juridiction ordinaire, une Cour d'assises, il faudrait d'abord passer par la Cour de cassation, pour obtenir d'elle l'indication du tribunal qui serait

dera pas à être rendue sur la requête qui, nous n'en doutons pas, sera incessamment présentée au Roi par la veuve et les enfans du maréchal !

Que pourraient, en effet, alléguer les ministres pour s'y refuser ? — Le droit ? On vient de prouver qu'il existe. — Des considérations politiques ? La crainte de chagriner quelques pairs ? Mais il n'en reste plus que quarante sur cent soixante-un qui ont pris part à l'arrêt ; et ces quarante même, dont plusieurs ont eu le bonheur et l'honneur de ne pas voter la mort [1], et dont on laissera d'ailleurs les intentions en paix pour ne combattre que leurs œuvres ; ces quelques juges qui, dans tous les cas, voudront et devront s'abstenir de connaître de la révision, et qui par conséquent n'auront pas la douleur d'entendre en 1831 une défense qu'ils n'ont pas voulu écouter en 1815, ces juges peuvent-ils donc être mis en balance avec ce nombre immense de citoyens qui font cause commune avec la famille du maréchal Ney, et qui tous, d'une voix forte et unanime, font des vœux pour la cassation de son arrêt ?

Des considérations politiques ? Elles sont toutes pour la révision et l'anéantissement de la condamnation ! Anéantir cette œuvre d'iniquité et de réaction, c'est faire *le procès à l'étranger ?* Oui, à l'étranger !

chargé de la révision. Mais la Cour des pairs étant en dehors de la juridiction de la Cour de cassation, le ministère du procureur-général près cette Cour n'est point impliqué dans cette affaire. Il n'est, à cet égard, qu'un simple particulier, un conseil, un ami, dont le ministère devient libre et peut être invoqué.

1 *Ne votez pas la mort* (dit le général Colaud à M. de Fontanes, en entrant dans la chambre du conseil), *vous en dormirez mieux.* (*La Renommée*, du 7 décembre 1819.)

Sa présence souillait notre territoire! C'est *en son nom* que l'accusation a été portée et que l'on a REQUIS *condamnation* [1] ! c'est sous son influence que l'arrêt a été rendu. Il voulait une de nos gloires militaires en holocauste! on lui a sacrifié Ney! Et la victime était bien choisie, car il n'y a pas une des puissances comprises dans la sainte-alliance qui n'eût à lui reprocher d'avoir défait ses troupes et battu ses généraux! Wellington surtout, dont Ney avait contenu toute l'armée avec quatre régimens dans sa retraite de Portugal! Wellington, bien éloigné d'imiter la magnanimité de Gonzague envers Lautrec! lui, Anglais, qui, même en France, eût pu faire excuser sa victoire, s'il eût été vainqueur équitable et généreux, et qui au lieu d'attacher sa gloire à protéger un de ses rivaux d'armes, et à faire respecter une convention à laquelle il devait son entrée dans Paris!... a mieux aimé la laisser violer quant aux personnes, pour se réserver ensuite le prétexte de la violer lui-même quant aux monumens!

C'est sur ce point capital que doit porter la *révision!* c'est en cela que la cause est *nationale,* qu'elle se distingue essentiellement de toutes les autres, et qu'il importe de ne la point déserter! Il ne s'agit pas de controverser le fond, de se jeter dans un détail de faits et d'enquêtes, et de consulter encore le témoi-

[1] On connaît ce *réquisitoire* de M. de Richelieu, et les termes par lui employés devant la Chambre des pairs, en y apportant l'ordonnance du roi, termes rappelés à la séance de la Chambre des députés du 12 novembre dernier, et qui, en 1815, firent dirent à un homme d'État fécond en expressions piquantes : *Avez-vous lu l'*UKASE *de M. de Richelieu ?*

gnage de M. de Bourmont..... Il suffit de se dire : « Une convention stipulée par cent mille Français » les armes à la main, et qui n'ont consenti à re- » mettre l'épée dans le fourreau que sous la condi- » tion qu'il n'y aurait dans leur patrie ni réactions » sanglantes contre les personnes, ni spoliation des » propriétés publiques et privées, a été indignement » violée ! Il a été défendu à un accusé de l'invoquer ! » Le moyen était décisif ; mais *la défense n'a pas été* » *libre !* et l'accusé a PROTESTÉ..... Cet arrêt doit être » être mis au néant. »

Après cela, si vous voulez, nous monterons au Panthéon pour aller rendre grâce aux dieux !...

AU ROI

EN SON CONSEIL DES MINISTRES.

SIRE,

Puisque *toute justice émane du Roi,* c'est au Roi que nous demandons justice (1).

Michel Ney, duc d'Elchingen, Prince de la Moskowa, maréchal et pair de France, a été condamné à mort par arrêt de la Cour des Pairs, rendu dans la nuit du 6 décembre 1815, et cet arrêt a été exécuté le lendemain.

Son accusation a été portée au nom et sous l'influence des étrangers, qui occupaient alors militairement la ville de Paris.

Elle l'a été au mépris et en violation flagrante de la

1 La requête de la *maréchale Brune* au roi, pour demander justice des assassins de son époux, commençait par cette même phrase.

convention militaire du 3 juillet 1815, dont l'article 12 était ainsi conçu : « Seront pareillement respectées » les personnes et les propriétés particulières. Les » habitans, et *en général* TOUS *les individus* qui se » trouvent dans la capitale, continueront à jouir de » leurs droits et libertés *sans pouvoir être inquiétés* » *ni recherchés* EN RIEN, relativement aux *fonctions* » qu'ils occupent ou *auraient occupées*, à leur *con-* » *duite*, et à leurs *opinions politiques*. »

Pour plus de sûreté, on ajouta l'article 15 portant ce qui suit : « S'il survient des difficultés sur l'exé- » cution de quelqu'un des articles de la présente » convention, l'interprétation en sera faite *en faveur* » *de l'armée française et de la ville de Paris*. »

Le général en chef de l'armée française, maréchal Davoust, prince d'Ekmulh, les plénipotentiaires chargés de la négociation, le général comte Guilleminot, le comte de Bondy, préfet de la Seine, M. Bignon, cités comme témoins au procès, ont déclaré que cet article est celui sur lequel il fut recommandé d'insister le plus fortement, et qu'il y avait *ordre de rompre la conférence si ce point n'était pas accordé sans restriction* : il le fut. C'est cet article, a dit devant la Chambre des pairs le comte Guilleminot, *qui nous a fait tomber les armes des mains*.

Cet article élevait donc *une fin de non-recevoir* insurmontable contre toute réaction, toute accusation politique. Il devenait aussi un moyen préjudiciel, décisif et péremptoire de la défense du maréchal contre l'accusation capitale, dirigée contre lui devant la Cour des pairs.

Mais, par un premier arrêt interlocutoire, rendu hors la présence des avocats de l'accusé, et sans les avoir entendus sur l'incident, *lors duquel les voix furent prises, mais ne furent pas comptées*, la Cour des pairs décida qu'ils ne seraient pas reçus à présenter ce moyen de défense.

Malgré l'arrêt, les défenseurs de l'accusé ont essayé d'élever la voix : mais ils ont été interrompus par le président de la Cour et par l'accusateur !... C'est alors que M. le maréchal Ney se levant mit lui-même un terme à cette lutte, en disant : « Jusqu'ici ma dé» fense a paru libre ; je m'aperçois qu'on l'entrave à » l'instant. Je remercie mes généreux défenseurs de » ce qu'ils ont fait, et de ce qu'ils sont prêts à faire » encore ; mais je les prie de cesser plutôt de me dé» fendre tout-à-fait, que de me défendre imparfaite» ment ; j'aime mieux n'être pas défendu du tout, » que de n'avoir qu'un simulacre de défense.

» Je suis accusé contre la foi des traités, et on ne » veut pas que je les invoque !...

» J'en appelle à l'Europe et à la Postérité. »

Cette protestation, cet appel, ce testamentaire cri du maréchal, il est du devoir de sa famille, de la piété de sa veuve et de ses fils, de les relever à une époque où l'heure de la justice semble enfin être arrivée !

— Ils supplient donc Votre Majesté, dont l'intérêt s'est manifesté pour eux dans ces jours de deuil, d'ordonner, à présent qu'elle est placée sur le trône des Français, *la solennelle révision d'un arrêt ainsi rendu contre la foi des traités, et sans que la défense ait été libre !*

Le principal moyen de révision est fondé sur ce

que la Cour des pairs a empêché de proposer la fin de non-recevoir résultant de la convention du 3 juillent. Elle l'a jugé ainsi, sous prétexte que cette convention était étrangère à Louis XVIII, et que son gouvernement n'était pas tenu de la reconnaître et de l'exécuter. La Cour a été induite en erreur à cet égard par une note diplomatique fournie par l'étranger, et par les assertions du ministère d'alors et par l'accusation. Mais la fausseté de cette allégation est aujourd'hui démontrée.

Or la révision est autorisée précisément pour le cas de *faux témoignage*, par l'article 445 du Code d'instruction criminelle.

Mais, indépendamment de cette ouverture légale de révision qui donne à la famille un droit rigoureux et absolu de la requérir, il est un autre moyen qui, dans tous les cas, ne peut manquer aux exposans.

Tous les précédens, nés de l'application du Code d'instruction criminelle qui nous régit actuellement, pratiqués par le gouvernement même qui a fait rédiger et promulguer ce Code, et appliqués par des magistrats dont plusieurs avaient concouru à sa confection, tous ces précédens attestent qu'à côté du droit absolu de demander la révision dans les cas littéralement prévus par le Code, le chef de l'État, comme régulateur des juridictions, et par une utile modification de son droit absolu de remettre les condamnations, a aussi le droit d'ordonner la *révision gracieuse* des procès criminels dans certaines circonstances particulières. Cette doctrine professée par les criminalistes, notamment par M. Carnot, a été mise en pratique par lettres patentes de Napoléon, en date du 20 décembre 1813, enregistrées avec solennité par arrêt de la Cour de cassation, du 8 janvier 1814, dans une affaire fort ordinaire, et bien moins favorable que celle du maréchal Ney !...

Ainsi, ce second moyen vient à l'appui du premier pour assurer le succès de la demande des exposans.

A ces causes, et par ces considérations, les exposans concluent à ce qu'il plaise à Votre Majesté dire et ordonner que l'arrêt rendu par la Cour des pairs contre le maréchal Ney, le 6 décembre 1815, sera, ainsi que l'arrêt préparatoire qui a précédé, et la procédure qui y a donné lieu, soumis à la révision de la Cour des pairs, pour être statué par elle ainsi qu'il appartiendra : à cette fin, ordonner que la Chambre des pairs se constituera en Cour de justice, et commettre procureur-général pour répondre aux conclusions qui seront prises par les Exposans, lesquels se réservent de faire, dire et requérir devant ladite Cour, régulièrement constituée, tout ce qui sera de leur droit et de leur devoir. Et ainsi faisant, Sire, vous ferez justice.

Paris, ce 23 novembre 1831.

Suivent les signatures de madame la Maréchale Ney, du Prince de la Moskowa, du Duc d'Elchingen, et des deux autres fils du Maréchal Ney.

*

EXTRAIT

DE LA

GALERIE DES CONTEMPORAINS.

Ouvrage imprimé à Bruxelles, tel qu'il est rapporté dans la Biographie *publiée en* 1822, *par MM. Arnaud, Jay, Jouy et Norvins.*

Les auteurs de la *Galerie des contemporains,* tout en rendant d'ailleurs justice à M. Dupin, avaient fait la remarque suivante : « On a vivement regretté (di- » sent-ils, tome 4, p. 276), que M. Dupin ait cru » devoir invoquer en faveur du maréchal les disposi- » tions du traité qui, en traçant une nouvelle ligne » des frontières de la France et en n'y comprenant » plus Sarre-Louis, rendait le maréchal étranger à » une patrie pour laquelle il avait si bravement com- » battu, et qui s'honorait de le compter au premier » rang de ses plus illustres défenseurs. Mais les mêmes auteurs ont ensuite reconnu eux-mêmes qu'ils s'étaient trompés. A l'article Ney, tome 7, p. 289, ils se sont empressés de donner des explications que nous aimons à leur emprunter : « Nous ignorions

» alors, disent-ils, ce que nous avons appris depuis ; » c'est que M. Dupin n'avait invoqué le traité du 26 » novembre que *d'accord avec le maréchal* et pour » *amener la protestation dont celui-ci avait reçu le* » *modèle des mains de cet éloquent et généreux dé-* » *fenseur*. Cette circonstance, ajoutent-ils, en rap- » pelle une autre qui n'est pas sans intérêt et qui » prouve à quel point l'autorité elle-même était peu » rassurée sur les conséquences du jugement qui ve- » nait d'être rendu. L'original de la protestation, écrit » de la main de M. Dupin, était resté dans les mains » du maréchal. Après sa condamnation, M. Dupin » qui, en le quittant, avait oublié de lui redeman- » der cette pièce, pria M. Berryer fils de se charger » de ce soin. En descendant de la chambre du maré- » chal, Berryer dit à M. Dupin, au milieu des gar- » des dont les salles et l'escalier étaient remplis : « Il » l'a jetée au feu. » Ces derniers mots, *au feu*, furent » seuls entendus ; un rapport en fut fait aussitôt au » ministre de la police (M. Decazes) et dès le soir » même celui-ci manda MM. Dupin et Berryer, pour » leur demander s'il n'était pas question de mettre le » feu au palais du Luxembourg pour sauver le ma- » réchal ! »

www.ingramcontent.com/pod-product-compliance
Ingram Content Group UK Ltd.
Pitfield, Milton Keynes, MK11 3LW, UK
UKHW020920180726
13838UKWH00002B/657